Geest - Verlag

Ich neben dir – du neben mir

Geschwister behinderter Menschen aus mehreren Generationen erzählen

Herausgeben
von Marlies Winkelheide

Deutsche Bibliothek – CIP-Einheitsaufnahme

Winkelheide, Marlies (Hg.): Ich neben dir – du neben mir. Geschwister behinderter Menschen aus mehreren Generationen erzählen. Geest-Verlag, Vechta-Langförden, 2007

ISBN 978-3-86685-045-3

1. Auflage, Januar 2007
2. Auflage, Februar 2007
3. Auflage, Juli 2007
4.Auflage, Juli 2008
5. Auflage, September 2010
Umschlagzeichnungen von
Patrick Häusler

Geest-Verlag
Lange Straße 41 a
49377 Vechta-Langförden
Tel. 04447/856580
Fax: 04447/856581
Mail: info@geest-verlag.de
Internet: http://www.Geest-Verlag.de

Inhaltsverzeichnis

Leitgedanken

<u>Janusz Korczak,</u> 1868 – 1942, Arzt, Pädagoge, Schriftsteller, Jude, Pole

Das Kind wird nicht erst Mensch, es ist schon einer.
Wie ein Kind lieben

Ihr sagt: *„Der Umgang mit den Kindern ermüdet uns."*
Ihr habt recht.
Ihr sagt: *„Denn wir müssen zu ihrer Begriffswelt hinuntersteigen. Hinuntersteigen, uns herabneigen, beugen, kleiner machen."*
Ihr irrt euch. Nicht das ermüdet uns. Sondern – dass wir zu ihren Gefühlen empor klimmen müssen. Empor klimmen, uns ausstrecken, auf die Zehenspitzen stellen, hinlangen. Um nicht zu verletzen.
Wie ein Kind lieben

Gib den Kindern einen guten Willen,
unterstütze ihre Anstrengungen,
segne ihre Mühen.
Führe sie nicht den leichtesten Weg,
aber den schönsten.

Janusz Korczak: Allein mit Gott
Gebete eines Menschen, der nicht betet
Gebet eines Erziehers

Kindern fällt es schwer zu sagen, was sie fühlen und worüber sie nachdenken, weil man es in Worten ausdrücken muss. Und noch schwerer ist es, darüber zu schreiben. Aber Kinder sind Dichter und Philosophen.
Lebensregeln

Die Würde des Menschen ist unantastbar. Sie zu achten und zu schützen ist Verpflichtung aller staatlichen Gewalt.
(Artikel 1 Grundgesetz)

Was es bedeutet, sich für einen selbstverständlichen Platz für einen Menschen mit Behinderung in unserer Gesellschaft einzusetzen, wissen alle Kinder, Jugendlichen und Erwachsenen, die uns in diesem Buch ihre Geschichten erzählen. Sie kennen die Auseinandersetzungen, die Kraftanstrengungen, den Kampf mit zuständigen Behörden, um die Rahmenbedingungen des Lebens für den Menschen mit Behinderung so gut wie möglich gestalten zu können.
Dabei geht es lediglich darum, jemandem mit Würde das Recht einzuräumen, das ihm zusteht.
Geschwister von Kindern mit Behinderungen sind von Beginn ihres Lebens an oder schon in frühen Jahren ihrer Kindheit vertraut mit Lebensbedingungen und Lebenssituationen, die anders sind als ihre eigenen. Sie kennen verschiedene Lebensformen. Leben mit Behinderung braucht Aufmerksamkeit, Förderung, Achtsamkeit, viele zusätzliche Überlegungen, Entscheidungen.
Oftmals stehen die Lebensbedingungen des Bruders, der Schwester mit Behinderung im Mittelpunkt des Interesses einer Familie, damit das Zusammenleben für alle gelingen kann. Jedes Familienmitglied hat dabei einen besonderen Beitrag zu leisten. Die gesamte Familie stellt sich, in der Wunschvorstellung, darauf ein, Eltern, Großeltern, Verwandte und auch Freunde und Bekannte. Immer wieder geht es um die Bewältigung von Sorgen und Gefühlen, um die sorgfältige und umsichtige Suche nach Antworten auf viele Fragen, die

sich in unbekannten Lebenssituationen immer wieder neu stellen.
Dass das alles lebensnotwendig und lebenswichtig ist, darum wissen die AutorInnen dieses Buches. Sie können oft mit Selbstverständlichkeit auf Lebenssituationen eingehen, die andere Menschen verunsichern, ja sogar ängstigen. Sie können sich auf Menschen einstellen, sich in Menschen einfühlen, eine eigene Form der Kommunikation finden.
Das Leben der Geschwister wird in einem entscheidenden Ausmaß geprägt von den Auseinandersetzungen und Gedanken um das Leben des Menschen mit Behinderung. Es wird geprägt von besonderem Erleben. Die Gedanken der Geschwister zu achten, ihnen mit Respekt zu begegnen, sie aufmerksam wahrzunehmen und unvoreingenommen auf sich wirken zu lassen und nachzudenken, ist Anliegen dieses Buches.
Es geht nicht darum zu urteilen und zu beurteilen, Gefühle zu wecken, die eine Wertung einschließen.
Vieles wird hier beschrieben, was manche LeserInnen aus eigenem Erleben nicht kennen und sich daher nur schwer vorstellen können. Die Geschichten fordern daher auf, sie aufmerksam zu lesen, ohne sie zu bewerten.
Ich hoffe, dass es den LeserInnen gelingt sich berühren, sich anrühren zu lassen, einmal ganz das Erleben der Geschwister in den Mittelpunkt zu stellen und stehen zu lassen. Vielleicht kann so viel von dem wirken, was diese Kinder, Jugendlichen und Erwachsenen uns vermitteln wollen, wo sie verstanden werden wollen. Vielleicht können wir, wenn wir uns auf ihre Perspektive einlassen, erkennen, was wir von ihnen lernen können.
Es spielt dabei keine Rolle, ob ein solches Erleben zu der Normalität einer Geschwisterauseinandersetzung gehört, also

eher nichts Außergewöhnliches ist. Es geht nicht darum, Reaktionsmöglichkeiten zu entwickeln, um ausgleichen zu wollen, was der Leserin, dem Leser persönlich als zu viel, zu schwer erscheint.
Es geht um Achtung und Anerkennung von Leistungen, die nicht mit Noten und Punkten zu bewerten sind.
Es geht um die Achtung und Anerkennung von Leistungen so wie sie gelebt werden und nicht darum wie wir sie mitunter sehen und interpretieren wollen.
Im Wesentlichen geht es um die Diskussion von Lebenswerten.
Hier erzählen Menschen ganz direkt und selbstverständlich, was sie aus den Begegnungen mit ihren behinderten Geschwistern für ihr eigenes Leben mitnehmen, mitgenommen haben.
In dieser Selbstverständlichkeit können sie uns Vorbild und Leitbild sein.
Durch die Begegnungen mit der Lebenswelt von Geschwistern von behinderten Menschen werden viele Gefühle in uns berührt, geweckt – auch widersprüchliche Emotionen hervorgerufen. Es ist durchaus eine anstrengende Herausforderung, bei dem geschilderten Erleben der Geschwister zu bleiben, zunächst nicht zu fragen und zu hinterfragen, die Aussagen wirklich uneingeschränkt im Mittelpunkt stehen zu lassen, für diese Zeit radikal ihre Sichtweise einzunehmen. Die Gedanken Korczaks können dabei leitend sein.

An dieser Stelle möchte ich mich bedanken

- bei meinen vietnamesischen Brüdern, die mir Fremdes nah gebracht und vertraut gemacht haben:
  das Leben mit Behinderungen,
  die Annäherung an eine fremde Kultur

das Leben zwischen zwei Kulturen,
das Leben mit Kriegserlebnissen, Flucht und Verfolgung. Sie haben seit meinem 18. Lebensjahr meine Lebensbasis erweitert, mir Sichtweisen und Blickwinkel eröffnet, die mein Leben seither entscheidend beeinflusst und geprägt haben.

- bei allen Geschwister von Menschen mit Behinderung, denen ich zuhören durfte, die mir ihre Erlebnisse anvertraut haben,
  die mein Hören geschärft haben und
  die meine Aufmerksamkeit geschult haben um ihre Botschaften aufnehmen zu können.
  Sie waren für mich wegweisend.
- bei all meinen WegbegleiterInnen, die mir professionell oder/und freundschaftlich zur Seite standen und stehen (*besonders erwähnen möchte ich hier Charlotte Knees),* damit ich differenziert zuhören lernte, was die Geschwister zu sagen hatten; die sich mit mir auf die Suche nach Antworten auf viele Fragen machten und die mir halfen in vielen schwierigen Situationen dabei standzuhalten.
- Mein Dank gilt selbstverständlich allen AutorInnen, die auf meinen Brief vom 30. April 2006 in der hier vorliegenden Weise reagiert haben.
- Mein Dank gilt dem Zeichner des „Geschwister-Memories", von denen eine Auswahl den Buchumschlag gestaltet.
- Alfred Büngen hat in engagierter Weise die Veröffentlichung dieses Buches in seinem Verlag ermöglicht. Ihm gilt ein besonderer Dank von allen AutorInnen.

Es bleibt für mich weiterhin ein Anliegen, Geschwister so zu begleiten, dass sie mit ihren Leistungen anerkannt werden

und dass sie einen eigenen und unabhängigen Platz finden können.
Mein Dank gilt auch der Lebenshilfe Bremen e.V., die sich für die Einrichtung einer Beratungsstelle Geschwisterkinder eingesetzt hat.
Fühlen wir uns alle aufgefordert verlässliche AnsprechpartnerInnen für Geschwister von behinderten Menschen zu sein, zu werden und zu bleiben!

Marlies Winkelheide, 20.Januar 2007

1. Die junge Generation meldet sich zu Wort

Eine Weihnachtsgeschichte

Am 1. Weihnachtstag wurde mein Bruder Ben, 5 Jahre, sehr krank. An seiner Kanüle, durch die er atmet, war ein Tumor. Es ging ihm sehr schlecht. Wir mussten ganz schnell ins Krankenhaus nach Oldenburg fahren. Nach Bremen ins Krankenhaus fahren wir nicht mehr, weil sie ihm dort nicht richtig helfen können. In Oldenburg kennen uns schon alle Ärzte und sind sehr nett zu uns.
Als wir dort ankamen, haben die Ärzte sofort gesehen, was mit Ben los war und er wurde gleich operiert.
Ich bin in der Zeit bei Oma und Opa geblieben und musste warten. Mein Onkel hat mich abends nach Hause gebracht. Meine Mutter war schon da.
Am nächsten Tag konnten wir Ben besuchen. Neben ihm im Krankenhaus war ein sehr, sehr krankes Mädchen. Wir haben es immer gesehen.
Als wir am Tag nach Weihnachten alle wieder zu Hause waren, habe ich erfahren, dass das Mädchen gestorben ist.
Ich war sehr traurig, aber ich glaube, dass sie jetzt beim lieben Gott ist. Vielleicht geht es ihr da besser als im Krankenhaus mit den vielen Schläuchen.
Ben geht es jetzt wieder gut.

Emma, 7 Jahre

Angst

Als mein Bruder Brötchen holen durfte, war er viel zu lange weg. Ich hatte solche Angst um meinen Bruder, weil 20 Meter weiter war ein Bäcker und weil man nicht eine halbe Stunde dafür braucht. Dann hatte mein Papa eine Ahnung, wo mein Bruder sein könnte, nämlich bei ‚Extra'.
Dann fuhren wir dahin und kamen mit meinem Bruder nach Hause.

Bennet, 8 Jahre

Ich kann selten etwas mit Mama alleine machen

Mein Bruder Jonas ist jetzt 12 Jahre. Er sitzt im Rollstuhl. Er kann nicht sprechen. Er kann mit Hilfe eines erwachsenen Menschen etwas laufen. Er trägt ein Korsett. Es ist ganz schwierig, bis das Korsett gut passt. Wenn er schreit, wissen wir oft nicht, was mit ihm los ist. Hat er Schmerzen? Drückt das Korsett?

Wir können nur nachgucken, was er hat. Manchmal müssen wir ihm dazu das Hemd ausziehen. Das will er nicht so gerne. Seit er operiert ist vor einem Jahr, haut er sich selber an den Kopf. Man muss aufpassen, dass man nicht getroffen wird. Er kneift und beißt.

Ich kann dann gar nichts mit ihm machen. Wir können als Familie auch nichts mehr zusammen unternehmen. Meine Eltern müssen auf Jonas aufpassen. Ich kann nichts mit Mama alleine machen, nur am Donnerstag, wenn jemand kommt, der Jonas gut kennt.

Ich gehe manchmal in eine Geschwistergruppe. Es ist für mich wichtig zu hören, wie das bei anderen zu Hause ist.

Ich mag meinen Bruder, aber es ist nicht leicht für mich und meine Eltern.

Meine Eltern machen sich Sorgen, weil sie nicht genau wissen, warum er sich haut.

Ich weiß nicht, ob sie sich um mich sorgen.

Malin, 9 Jahre

Ein neues Kind

Seitdem wir alle in der Familie wissen, dass ein neues Kind geboren wird, ist viel Hektik.
Mama und Papa streiten immer noch über den Namen.
Ich habe sehr viele Sorgen.
Manches ist im Alltag durcheinander, aber wir freuen uns alle.
Dadurch gibt es natürlich sehr viel mehr Arbeit. Und wir hoffen alle, dass das neue Kind nicht behindert ist.
Zu Hause leben zur Zeit meine behinderte Schwester Maria, 7 Jahre, Mama und Papa und nicht zu vergessen ich.

Paul, 9 Jahre

Ungerecht?

Tine kam von der Schule nach Hause. Sie dachte daran, dass sie gleich mal wieder auf ihre Schwester aufpassen müsste. Das hasste sie, weil sich ihre Mutter meist um eine halbe Stunde verspätete. Gerade wollte Tine die Treppe in ihr Zimmer hinaufsteigen, als ihre Mutter von unten rief: „Tine, kannst du bitte die Geschirrspülmaschine ausräumen und bügeln!"
Tine stöhnte auf: „Och Mama, ich muss doch schon gleich auf Lotta aufpassen." (Lotta ist Tines behinderte Schwester.)
„Komm Tine, stell dich nicht so an! Marie hilft noch viel mehr als du", widerspricht Tines Mutter. (Marie ist die ältere Schwester.)
Widerstrebend ging Tine die Treppe wieder hinunter und räumte die Geschirrspülmaschine aus und bügelte. Tine kochte vor Wut, doch sie sagte kein Wort. Als sie damit fertig war, musste sie auf Lotta aufpassen. Tine ging an ihrer Mutter vorbei und erwartete ein „Dankeschön".
Das kam auch, aber es hörte sich so unecht an.
Tine fühlte sich verarscht und dachte: „Ist es denn so schwer, sich richtig zu bedanken?"
Endlich knallte die Tür zu und Tine wusste, dass es ihre Mutter war. Tine war froh, dass ihre Mutter endlich weg war, doch aufs Aufpassen freute sie sich nicht. Tine hatte das Gefühl, dass alles, was ihre Mutter nicht schaffte, auf sie abgeschoben wurde.
Das empfand sie als sehr ungerecht. Wahrscheinlich hatte Tines Mutter Recht und Marie machte wirklich mehr im Haushalt als sie. Deshalb sagte sie auch nichts.

Fenja, 11 Jahre

Sorgen über die Zukunft

Vor ein paar Wochen habe ich daran gedacht, was mit meiner Schwester passieren wird, wenn meine Eltern nicht mehr in der Lage sind, auf meine Schwester aufzupassen oder wenn sie tot sind. Ich habe meine Eltern darauf angesprochen, weil ich mich in der Sache unwohl gefühlt habe. Meine Eltern meinten aber, ich brauche mir keine Sorgen zu machen.
Ich weiß auch noch nicht, wer die Verantwortung für meine Schwester haben wird.

Geschwister und Schule
Wenn wir irgendwie eine Veranstaltung in der Schule machen, wo wir unsere Geschwister mitnehmen können und ich die Geschwister meiner Freunde sehe, die gesund sind, dann werde ich oft traurig und denke darüber nach, wieso ich eine behinderte Schwester habe und die anderen nicht. Das lässt sich aber nicht ändern, aber ich mag meine Schwester trotzdem gerne.

Valentina, 11 Jahre

Gehänselt werden

Einmal wurde ich in meiner Schule gehänselt. Zwei Mitschüler sagten, ich sei behindert.
Ich hatte der Klasse von Anfang an erzählt, dass ich eine behinderte Schwester habe. Und ich habe ihnen auch erklärt, was meine Schwester hat, was sie kann und was sie nicht kann.
In der nächsten Stunde erzählte ich alles meiner Lehrerin. Diese rief die beiden nach vorne und sagte ihnen, dass sie doch genau wüssten, dass meine Schwester behindert sei und dass sie sich einmal vorstellen sollten, wie sehr sie meine Gefühle durch ihre Hänseleien verletzt hätten. Sie wolle nicht, dass so etwas in ihrer Klasse passierte.
Dann begann sie mit dem Unterricht. Die beiden Schüler haben mich seitdem nicht mehr geärgert.

Christian, 11 Jahre

Alles begann im Dezember

Mein Bruder Alexander, 16 Jahre, hat ADHS und ist oft sehr aggressiv. Er will nicht in die Schule gehen. Er hält sich an keine Regeln. Er hat bei uns zu Hause am Abend randaliert. Es wurde so schlimm, dass wir die Polizei zu Hilfe holen mussten. Als die Polizei dann kam, beruhigte sich mein Bruder und ging mit.
Als ich am nächsten Tag in die Schule gehen wollte, sagte meine Mutter mir, dass ich zu Hause bleiben sollte, weil mein Bruder wieder abgehauen wäre. Er sollte in einer Einrichtung leben, aber er wollte die Hausordnung nicht unterschreiben.
Mama, Papa und ich sollten den ganzen Tag zu Hause bleiben. Papa wollte uns beschützen, falls mein Bruder wieder zu uns kommen wollte. Wir sollten ihn nicht herein lassen.
Die Polizei hatte uns gebeten, dort anzurufen, falls mein Bruder zu uns kommen würde. Er hat den ganzen Tag nichts gegessen, weil er die Hausordnung nicht unterschrieben hatte. Erst danach sollte er etwas dort zu essen bekommen.
Am Abend versuchte er, zu uns zu kommen.
Wir haben die Polizei angerufen. Sie sind gekommen und mein Bruder ging mit. Wir waren dann alle drei erleichtert.
Wir hoffen, dass meinem Bruder geholfen werden kann.
Der nächste Tag verging sehr ruhig.

Linda, 12 Jahre

Geschwistergedanken

Ich bin Patrick, 12 Jahre alt und komme aus der Nähe von Bremen. Ich habe einen behinderten Bruder. Er heißt Nico und hat eine geistige Behinderung und kann auch nicht richtig sehen. Mich nervt so einiges an ihm. Immer müssen wir Radio hören, dabei hätte ich auch ganz gerne mal meine Ruhe.
Dazu sind meine Eltern öfter auch ungerecht.
Beispiel: Eigentlich dürfen ich und mein Bruder beide nur eine Stunde pro Tag an den Computer. Bei mir passt mein Vater immer auf, dass ich nicht überziehe. Meinen Bruder hingegen lässt er am Computer sitzen, bis dieser keine Lust mehr hat.
Glücklicherweise macht meine Mutter es nicht genauso. Allerdings gibt sie mir härtere Strafen, wenn ich etwas nicht mache.
Seit Herbst 2003 gehe ich zur Geschwistergruppe in Bremen. Dort treffe ich Geschwister von anderen behinderten Kindern. Dort wird über die Probleme mit den behinderten Geschwistern gesprochen. Es werden immer Sachen erarbeitet.
Dass ich dort hingehen kann, hilft mir sehr.
Dazu gehe ich mit meinem Bruder und meinen Eltern öfter zu Seminaren nach Hustedt in der Nähe von Celle. Dort machen meine Eltern das, was wir in der Geschwistergruppe machen. Wir dagegen können nicht so viel erarbeiten, weil es mit den behinderten Kindern so nicht geht.

Patrick, 12 Jahre

Ich passe gern auf meine Brüder auf

Manchmal passe ich gern auf meine Geschwister auf, also auf meinen kleinen Bruder Michel, 7 Jahre, und auf meinen großen Bruder Sebastian, 15 Jahre.
Mein großer Bruder ist behindert. Er kann sich nicht so bewegen, wie er will, aber er versteht alles.
Wenn meine Eltern wegfahren, passe ich lieber allein auf meine Brüder auf, als wenn eine andere Person zum Aufpassen kommt. Wenn jemand anderes kommt, muss ich sozusagen auch auf *sie* aufpassen, weil *sie* nicht weiß, wie man meinen großen Bruder füttert oder wie man ihm etwas zu trinken gibt. Das kann ziemlich nervig sein, alles zu erklären. Deswegen passe ich lieber selber auf, weil ich weiß, wie alles geht. Meine Eltern wollen das nicht so gerne, aber sie können mir das ruhig zutrauen.

Annika, 12 Jahre

Die große Veränderung

Mir war kalt. Aber das lag nicht nur am Wetter. Es war zwar Winter, aber in unserer Wohnung lief die Heizung. Es lag eher am Klima in der Familie. Ich hatte soeben erfahren, dass meine Eltern sich trennen. Ich wusste nicht, was ich sagen sollte. Das Einzige, was ich dachte, war, dass bei uns doch alles schon schwer genug war und jetzt auch noch das!

Mir ging es wirklich mies. Am liebsten wäre ich weggelaufen und hätte gewartet, bis alles vorbei ist. Unter der Bettdecke gelegen und gewartet. Stattdessen saß ich einfach nur da und habe nichts gemacht. Nichts gesagt, einfach nur dagesessen. Die letzten Worte meiner Mutter lagen mir noch in den Ohren. „Alles wird gut werden. Mach dir keine Sorgen, wir regeln das schon." Aber es war nicht so.

Für mich und meinen Bruder begann eine schwere Zeit. Mama und Papa haben sich viel gestritten. Meine Mutter war viele Abende bei ihrem neuen Freund. Irgendwann fing mein Bruder an, meine Mutter mit Vornamen anzureden, und meine Mutter sagte zu unserem Haus nicht mehr zu Hause. Manchmal, wenn ich meinen Bruder gewaschen habe, hat er angefangen zu weinen und mich gefragt, wo Mama ist. Da er wegen seiner geistigen Behinderung die Sachen nicht gut versteht, wusste ich nicht, wie ich es erklären sollte. An diesen Abenden war ich sehr sauer auf meine Eltern, weil ich Sachen machen und leisten musste, die eigentlich nicht meine Aufgaben waren. Später kam mein Vater ins Krankenhaus, weil er an Depressionen litt.

In dieser Zeit hat sich vieles verändert. Der neue Freund meiner Mutter ist bei uns eingezogen. Papa war weg, meine Mutter hat sich stark verändert, die Einrichtung in unserem Haus

ist anders geworden. Zu diesem Zeitpunkt ging es mir sehr schlecht.
Ich habe dann der Marlies geschrieben und sie um Hilfe gebeten. Kurze Zeit später bin ich auf ein Geschwisterseminar gefahren, wo ich mit Marlies gesprochen habe. Das hat mir sehr geholfen. Eine Zeitlang hat meine Mutter gesagt, dass mein Bruder in ein Wohnheim gehen sollte.
Ich wollte das nicht, da er das Einzige ist, das noch so geblieben ist, wie es war. Wenn er auch noch gegangen wäre, dann hätte ich nichts mehr gehabt.
Meine Mutter hat das eingesehen und so blieb mein Bruder doch.
Auch wenn ich und mein Bruder uns oft streiten, wollen wir zusammen bleiben. Ich wäre sehr traurig, wenn er ginge. Das einzige, was für mich noch offen ist, ist die Frage: Wird wirklich alles gut? Ich hoffe, das wird sich irgendwann beantworten.

Meine Familie besteht aus 4 Personen. Ich bin die große Schwester von einem 10jährigen Jungen mit fragilem X-Syndrom. Ich besuche ein Gymnasium und bin in der 8. Klasse.

Pia, 13 Jahre

Es ist alles gut, so wie es ist

Ich habe eine kleine Schwester, Merlin, sie ist 11 Monate jünger als ich und geistig behindert. Ich bin ihre ‚große' Schwester Svenja, 13 Jahre alt. Zusammen haben wir noch 2 Geschwister, Malte (18) und Hendrike (22) und unsere Eltern Rolf und Katrin.

Dass meine Schwester behindert ist, stellte sich heraus, als sie 3 Jahre alt war. Demnach war ich 4, daher bekam ich noch nicht sehr viel mit davon, von den Sorgen, von Gesprächen. Auf den Videos, die ich mir heute noch manchmal ansehe, sehe ich, dass Merlin und ich als kleine Kinder viel Kontakt miteinander hatten. Wir spielten und ich sprach mit ihr. Da wir einen ziemlich kleinen Altersunterschied hatten, bezog mich meine Mutter in alles mit ein. Ich schaute zu, wenn Merlin gefüttert wurde, wenn Windeln gewechselt wurden, wenn sie schlief. Dadurch fühlte ich mich nie benachteiligt, weil ich ja selbst immer nah am Geschehen war.

Aber aus dieser Zeit weiß ich nicht mehr besonders viel.

Jetzt ist Merlin 12 und alle sagen, dass sie ja so groß geworden sei. Warum fällt das nicht bei mir auf? Beziehungsweise fällt es auf, aber warum sagt es so keiner zu mir?

Im Augenblick hat Merlin viele Phasen, in der sie die ganze Aufmerksamkeit meiner Eltern und aller Beteiligten braucht. Das heißt für mich, ich muss mich zurückhalten, kann nie aus der Schule kommen und schreien „Mama, ich habe eine 1!", sondern erst wird geguckt, ist Merlin wach? Muss ich leise sein? Hat sie gerade wieder eine der Phasen, wo sie weint und man sie trösten muss? Und wenn ich das mal vergesse und aus Versehen etwas lauter rede, werde ich sofort darauf aufmerksam gemacht: „Psst, nicht so laut, Merlin schläft!"

Manchmal gehe ich dann in mein Zimmer, um darüber nachzudenken, versuche, mich in die Situation meiner Eltern hineinzuversetzen. Natürlich verstehe ich diese Reaktion, aber warum muss Merlin nicht auch mal Rücksicht nehmen, wenn ich meine Ruhe haben will? Dann schiebt meine Mutter sie einfach in mein Zimmer und, egal ob ich will oder nicht, muss ich mich um sie kümmern. Ich habe nichts dagegen, aber in manchen Momenten möchte ich eigentlich lieber meine Ruhe haben.

Meistens fällt es mir erst auf, wie sehr mir Merlin fehlt, wenn sie nicht da ist. Dann vermisse ich sie schon und denke darüber nach, was sie jetzt wohl macht. Manchmal habe ich auch ein bisschen Angst um sie. Manchmal sogar nur, wenn sie mit meiner Mutter spazieren geht und sie etwas länger wegbleiben. Meine kleine Schwester hat sogar ein eigenes Fahrrad, auf dem mein Vater oder meine Mutter sie gemütlich durch die Gegend fahren können und manchmal komme ich natürlich auch mit.

Meine Freunde wissen alle, dass meine kleine Schwester behindert ist und sie interessieren sich auch dafür. Das finde ich besonders toll, weil die meisten Menschen doch eher weggucken, wenn sie meine kleine Schwester sehen.

Einmal haben mich und meine Freundin auf dem Weg nach Hause zwei Jungs angesprochen und der eine meinte irgendwann: „Seid ihr behindert?" Da haben wir uns gefragt, warum man so ein Wort wohl benutzt, auch wenn es gar nicht stimmt. Danach fragte ich zurück: „Wisst ihr überhaupt, was das ist, behindert?" So stellte sich heraus, dass keiner der beiden mindestens 3 Jahre älteren Jungen eine Ahnung hatte, was behindert heißt. Ich denke, dass darüber viel mehr gesprochen werden sollte, in der Schule und vor allem zu Hause

sollten die Lehrer und Eltern erklären, dass es Menschen gibt, die anders sind. Aber es bleiben trotzdem Menschen.
Vor ungefähr 5 Jahren habe ich mit meiner ganzen Familie auch einmal an einem Seminar teilgenommen. Daran kann ich mich noch sehr gut erinnern. Die Erwachsenen konnten in Ruhe Gespräche führen, die behinderten Kinder wurden betreut – und wir? Die Geschwisterkinder haben sich alle getroffen, wir haben gespielt und vor allem viel über unsere Geschwister gesprochen. Ich habe lieber zugehört, aber es war ein gutes Gefühl zu sehen, dass man nie alleine ist.
Früher habe ich mir schon manchmal vorgestellt, wie es wäre, wenn Merlin nicht behindert wäre. Ob wir dann auch so gut miteinander klar kommen würden? Ob wir dann auch zusammen Trampolin springen würden? Oder ob wir uns nur streiten würden?
Mittlerweile habe ich festgestellt, dass ich alles so gut finde, wie es ist. Ich bin sehr stolz auf meine kleine Schwester!

Svenja, 13 Jahre

14.00 Uhr
Ich komme völlig erschöpft aus der Schule. Im Bus war ordentliches Gedränge und ein paar Schüler haben mich angepöbelt. „Deine Schwester gehört nicht hierher. Ist dir das nicht peinlich? Dass so jemand wie du auf dem Gymnasium ist!"
14.15 Uhr
Endlich zu Hause. Meine Mutter schiebt mir das Essen in die Mikrowelle, während ich ihr erzähle, was im Bus vorgefallen ist.
„Mach dir nichts draus", sagt sie, „ich mache jetzt einen Mittagsschlaf. Kannst du in der Zeit Neeles Hausaufgaben kontrollieren?"
„Natürlich", gebe ich leicht säuerlich zurück.
Ich weiß ja auch, dass Mama sehr gestresst ist, weil Neeles neue Schienen zu klein sind, aber Lust habe ich trotzdem nicht dazu.
14.40 Uhr
Ich habe aufgegessen und meinen Ranzen in mein Zimmer getragen. Ich habe in vier Fächern etwas auf und morgen schreiben wir einen Vokabeltest in Latein, aber erst einmal muss ich mich um Neele kümmern. Die Hälfte ihrer Hausaufgaben war falsch, sodass ich noch mal das 1x1 mit ihr durchgehen muss.
15.15 Uhr
Seit einer Viertelstunde kann ich meine Hausaufgaben erledigen.
„Mirjam", ruft Mama aus dem Flur, „wir müssen in die Stadt, Neele hat Ergotherapie. Kannst du in der Zeit das Wohnzimmer und Neeles Zimmer saugen? Ähm, Neeles Zimmer ist unaufgeräumt, du musst es vor dem Saugen erst aufräumen.

Und, morgen kommt Tante Erika zu Besuch, feg doch bitte noch den Flur. Lern schön für den Vokabeltest!"
Rumsch, die Tür ist zu.
In Gedanken füge ich hinzu, dass ich zum Vokabellernen eh nicht mehr komme.
15.45 Uhr
Ich bin immer noch dabei, Neeles Zimmer aufzuräumen.
16.30 Uhr
Mama und Neele sind zurück. Wohnzimmer und Neeles Zimmer sind aufgeräumt und gesaugt. Zum Flurfegen und Vokabellernen bin ich noch nicht gekommen. Mama sagt mir, dass ich das noch tun muss.
18.00 Uhr
Ich sitze endlich in meinem Zimmer und lerne Vokabeln, während Neele Fernsehen guckt.
19.30 Uhr
Wir sind mit dem Abendbrot fertig. Ich packe meinen Schulkram für morgen.
Eigentlich darf ich bis 21.00 Uhr aufbleiben, aber schon um 20.00 Uhr falle ich todmüde und geschafft ins Bett. Morgen muss ich wieder um 6.00 Uhr aus den Federn. Und der Tag, der wird eigentlich genauso sein.

Mirjam, 13 Jahre

Und eigentlich ist es auch gut so

Ich heiße Pauline. Mein Bruder Moritz ist autistisch. Auf ihn aufzupassen, ist auf die Dauer ziemlich anstrengend, weil man ihn keine Sekunde allein lassen kann. Er würde sonst mit Sicherheit etwas anstellen. Er wirft Sachen, die dann zu Bruch gehen, oder er beißt seit Neuestem in das Kabel des Staubsaugers.

Da einer meiner Eltern immer auf Moritz aufpassen muss (außer sein Therapeut oder ein ‚Babysitter' ist da), haben sie nicht ganz so viel Zeit für sich und für mich. Das ist für Mama und Papa sicher nicht gut, auch wenn sie sich das nicht so anmerken lassen.

Was mich betrifft, ich weiß es nicht so genau. Natürlich ist das nicht so wunderbar, aber es ist ‚einfach' so. Manchmal habe ich versucht, mir Moritz als normalen Bruder vorzustellen, aber es ging nicht so gut, denn Moritz ist schließlich Moritz und eigentlich ist es ja auch gut so.

Pauline, 13 Jahre

Ein Tagesablauf mit behinderter Schwester

Meine Schwester hat das Down-Syndrom und ist 9 Jahre alt. Bei uns sieht der Tagesplan (während der Schulzeit) wie folgt aus:

6.30: Mit Genörgel aufstehen und warten, bis das Bad frei ist, um sich zu duschen und anzuziehen.

7.00: Runtergehen und essen. Ersten Streit mit meiner Schwester anfangen wegen den Meinungsverschiedenheiten der Menge Butter und Nutella auf dem Toast.

7.15: Ein Familienmitglied bringt meine Schwester (von ihr ausgesucht) zum Schulbus.

7.30: Nun muss auch ich mich auf den Sattel schwingen und zur Schule fahren.

13.30: Ich komme zu Hause an und brauche zuerst einmal für mich absolute Ruhe. Wenn mein Bruder kommt, braucht auch er absolute Ruhe für sich. Danach durchlöchert Mama uns erst einmal über die Schule.

13.45: Meine Schwester kommt an und will gleich eine Freundin anrufen, um mit der zu spielen. Doch wir reden es ihr aus und sie muss Schularbeiten machen. Das Essen bekommt sie in der Schule, so müssen wir nicht für vier kochen.

14.00: Mein Bruder und ich fangen mit den Hausaufgaben an. Gewöhnlich ist meine Schwester schon fertig, wenn wir bei den Hausaufgaben sind, und nervt mit der Frage, ob sie mit einem von uns auf das vier Meter große Trampolin kann. Da wir beide unsere Schwester nicht hauen oder sonst etwas machen dürfen, locken wir sie mit unserem Nintendo DS raus, indem wir ihr versprechen, sie dürfe mit ihm vor der Tür spielen, obwohl wir ihn ihr vor der Nase wieder reinholen. Im Großen und Ganzen gibt es meistens keine 10 Minuten, in denen meine Schwester nicht in mein Zimmer kommt.

16.50: Nach den blöden Schularbeiten ist es meistens schon zu spät (bedingt durch nicht konzentrieren wegen des häufigen Aufkreuzens meiner Schwester), um sich noch zu verabreden. Mein Bruder und ich spielen dann oft LEGO miteinander.

18.00: Abendessen: Meine Schwester sucht oft einen aus, der ihr Barbie-Brettchen und -Set bekommt und noch dazu an ihrem Pörnbacher-Tisch sitzen darf.

19.00: Wir waschen uns und meine Schwester möchte sich gerne mit mir waschen, denn ich spiele immer mit ihr ‚Soldat'. Bei dem Spiel bin ich ein Offizier und sie ist ein gewöhnlicher Soldat. Ich schreie sie an, wobei ich die ganze Wut, die ich auf alle habe, in ein Geschrei verwandle und loslassen kann, ohne von irgendeinem Ärger zu bekommen.

20.00: Mama liest meiner Schwester eine Gute-Nacht-Geschichte vor und kommt dann zu uns rüber, um mit uns ‚Harry Potter' zu lesen.

22.00: Schnarch, schnarch, schnarch.

Sven, 13 Jahre

Sie ist einfach meine Schwester

Ich sehe meiner Schwester das Down Syndrom nicht mehr an. Normalerweise sieht man Menschen mit Down Syndrom ihre Behinderung im Gesicht an. Für mich waren Samanthas ‚Down Syndrom-Gesichtszüge' irgendwann aber nicht mehr erkennbar.
Nachdem ich diese Erkenntnis errungen hatte, war ich irgendwie schockiert. Mir fiel es schwer, mit dieser Situation umzugehen. Also fragte ich erst mal meine Eltern, wie es bei ihnen war. An die Antwort erinnere ich mich nicht mehr, ich weiß aber jetzt, dass zumindest mein Vater ihre besonderen Gesichtszüge noch sieht.
Dann guckte ich in den Fotoalben nach, ob sich Samanthas Gesicht oder meine Sichtweise sich verändert hatte. Es war meine Sichtweise und wie sich später herausstellte, auch nur bei ihr.
Wahrscheinlich ist das damit zu erklären, dass ich mich an ihr Gesicht so gewöhnt habe, dass ich zwar weiß, dass sie Down Syndrom hat, aber ich sie nur noch als meine Schwester sehe.
Heut finde ich es einfach schön, dass ich sie nicht als behindert sehe, sondern nur als eine besondere, individuelle und einzigartige Person, die meine Schwester ist.

Lykke, 14 Jahre

Selbstbewusstsein und Liebe

Ich, Martin, habe eine behinderte Schwester, die weder sprechen noch ausdrücken kann, was sie manchmal will.
Aber sie kann laufen und einzelne Worte wie Papa, Mama, Sascha (mein Bruder) und Martin (ich) sprechen.
Manchmal, wenn sie auf dem Hof vor unserem Haus spielt und die Hoftür offen gelassen wurde, haut sie (Antonia) ab. Sie läuft dann über die Straße, aber die Autofahrer wissen ja nicht, dass sie eine Behinderung hat. Zum Glück ist noch nichts passiert.
Meistens muss ich auf meine Schwester aufpassen und das ist nervig und nicht leicht.
Oft brauche ich viel Selbstbewusstsein und Liebe von anderen Menschen, das ist sehr wichtig!!!
Man macht auch Fehler, worüber Eltern und andere Menschen sauer sind. Dann müssen die anderen Menschen einem vergeben, weil es nicht gerade leicht ist.

Auf dem Geschwisterseminar habe ich die Erfahrung gemacht, dass es erlösend war, darüber zu reden.

Martin, 14 Jahre

Für ihn haben Sachen einen anderen Wert und Nutzen

Mein Name ist Maike. Ich bin 14 Jahre alt und habe einen jüngeren Bruder, der das Rubinstein-Taby-Syndrom hat. Ich gehe in Wilhelmshaven aufs Cäciliengymnasium.

Mein Bruder ist sehr schwierig, weil er uns nicht versteht. Er lebt in seiner eigenen kleinen Welt. Er begreift manche Dinge nicht, die für uns selbstverständlich sind. Vor manchen Dingen hat er auch Angst, wie zum Beispiel Sachen, die ziemlich laut sind und die er noch nie zuvor gesehen hat.

Er ist aber trotzdem sehr clever und weiß genau, wie er uns auf die Palme bringen kann.

Am Anfang hat man ihm seine Behinderung kaum angemerkt, da er sich wie jedes andere Baby verhielt. Aber sein Aussehen verriet schon, dass er nicht ganz so normal war, wie es zu Anfang aussah. Er hatte schiefe Daumen, die ihm aber wieder begradigt wurden, und das typische Gesicht. Er verhielt sich bis zum ersten Lebensjahr wie jedes normale Baby. Aber danach wurde deutlich, dass er nicht ‚normal' ist. Mit ungefähr vier Jahren lernte er zur größten Verwunderung von allen innerhalb weniger Tage das Laufen.

Er hatte gemerkt, dass er, wenn er aufrecht ging, fast überall dran kam.

Mein Bruder hat jede Menge Vorlieben für die komischsten Sachen. Zum Beispiel hat er, als wir in ein neues Haus umzogen, reihenweise die Klopapierrollen abgewickelt. Sehr nützlich. Oder wenn er einen Schirm sieht, will er ihn sofort haben, denn er lässt sich ja so leicht zerstören. Für ihn haben diese Sachen einen ganz anderen Wert und Nutzen.

Mein Bruder kann auch die Menschen in seiner Umgebung unterscheiden. Wenn er auf Menschen trifft, die er schon sehr lange kennt, freut er sich, sie zu sehen. Aber wenn er auf Leu-

te trifft, die er noch nicht so lange oder gar nicht kennt, sind sie ihm egal. Er würde aber auch mit ihnen mitgehen.
Meine eigene ganz persönliche Meinung:
Mein Bruder mag zwar anders sein, aber ich habe ihn trotzdem sehr gerne. Ich habe auch noch einen zehn Jahre alten Bruder, der keine Behinderung hat. Wir beide können recht gut mit der Situation umgehen, dass unser Bruder behindert ist. Aber wie gesagt, mir ist es egal, ob mein Bruder behindert ist oder nicht, ich habe ihn trotzdem sehr gerne.
Mein mittlerer Bruder mag meinen kleinen Bruder auch sehr gerne. Er ist eben unser Bruder.

Maike, 14 Jahre

Ich möchte nicht immer so viel Verantwortung haben

Hallo,
ich heiße Alena und bin 14 Jahre alt und gehe aufs Gymnasium in Tarmstedt an der Kooperativen Gesamtschule (KGS).
Zu meiner Familie gehören meine Eltern Rita und Winfried, mein Bruder Steffen (16) und meine behinderte Schwester Stefanie (10).
Bei uns zu Hause läuft es nicht wie in normalen Familien ab. Dafür, dass es oft stressig bei uns zugeht, habe ich eigentlich viel Zeit, ich will es oft aber nicht zugeben.
Die meiste Zeit verbringe ich mit meiner besten Freundin Marlene oder mit anderen Freunden, denn sie sind mir total wichtig.
Ich habe sehr viel Verantwortung, für mich selber und natürlich für Stefanie. Manchmal stört es mich auch, dass ich so viel Verantwortung habe, denn wenn ich einen Fehler mache, bekomme ich manchmal ein bisschen Ärger und dann bin ich sehr enttäuscht, obwohl ich mein Bestes gegeben habe.
Zumeist erzähle ich meiner besten Freundin, wie es mir geht. Meinen Eltern erzähle ich nicht, ob ich wütend, traurig, lustig oder enttäuscht bin. Sie meinen dann immer, sie verstehen mich, aber ich glaube es nicht. Manchmal glaube ich sogar, ich bin ihnen eine Last mit meinen Problemen, weil wir so gestresst von Stefanie sind.
Am meisten Unterstützung bekomme ich von der Geschwistergruppe und von meinen Freunden.
Meine Mutter und Carinas Mutter haben eine kleine eigene Selbsthilfegruppe, in der das Thema der Bremer Geschwistergruppe gefallen ist! Unsere Eltern haben uns gefragt, ob wir das mal ausprobieren wollen und dann waren wir dabei! Ich weiß, dass ich alles offen in der Geschwistergruppe sagen

kann. Man lernt dort, besser mit der Behinderung umzugehen, und lernt auch etwas über die anderen Behinderungen! Wir arbeiten dort in kleinen Arbeitsgruppen, die nach Alter getrennt werden. Man kann sich viel besser unterhalten und das sagen, was man nicht gerne in der großen Gruppe erzählen möchte! Wenn es jemandem ziemlich schlecht geht, sucht Marlies ein privates Gespräch zu der betroffenen Person! Wenn fünf Treffen vorbei sind, gibt es ein Wochenende in Zeven, wo wir alles, was wir gemacht haben, unseren Eltern vorstellen!

Mir tun die Treffen sehr gut, sie geben mir neue Kraft und mein Selbstbewusstsein wird gestärkt. Ich habe schon an drei Seminaren teilgenommen und hoffe, es gibt noch mehr Seminare! Ich komme seit den Seminaren viel besser mit meiner Schwester aus! Sie hat eine geistige Behinderung und geht tagsüber in die Tagesbildungsstätte in Selsingen! Ich liebe meine Schwester, so wie sie ist, und würde keine normale Schwester wollen! Sie hat einen eigenen Kopf und weiß genau, was sie will! Sie lernt sehr schnell von uns. Sie will hier zu Hause sehr viel helfen, was auch schon mal daneben gehen kann! Leider hat sie auch ihre schlechten Seiten und kann sehr nerven! Wenn man sie aber lieb bittet, den Raum zu verlassen, tut sie das auch! Stefanie läuft auch gerne mal weg und geht einfach so über die Straße, was für uns leider bedeutet, dass wir noch besser auf sie aufpassen müssen. Ich muss eigentlich auf nicht so viel verzichten, aber wenn es mal vorkommt, dass ich auf Stefanie aufpassen muss, muss ich das Treffen mit Freunden absagen, worüber ich auch sehr sauer und traurig werden kann.

Ich kann fast gar nichts alleine mit meinen Eltern unternehmen wegen Stefanie. Sie sagen meistens: „Du weißt doch, es geht

nicht wegen Stefanie!“ oder „Lass uns das doch auf ein anderes Mal verschieben.“ Das finde ich ziemlich scheiße.
Ich fühle mich sehr oft vernachlässigt. Immer steht Stefanie im Mittelpunkt unserer Familie.
Ich würde mich freuen, wenn meine Eltern mir mehr zuhören würden, mir helfen würden, mal ‚Danke' sagen oder mich loben würden.
Wenn es ganz schlimm wird mit der Vernachlässigung, ziehe ich mich einfach für mehrere Tage in mein Zimmer zurück. Nach einiger Zeit merken meine Eltern das auch, aber dann will ich ihnen auch nicht sagen, warum ich mich zurückgezogen habe.
Jetzt kann ich mich auch viel besser gegen meine Eltern und Geschwister durchsetzen.
Als ich von meinen Eltern ganz stark enttäuscht wurde, habe ich Halt von der Geschwistergruppe bekommen. Meine Eltern hatten mir versprochen, zu meinem Handballspiel zu kommen. Doch sie sind nicht gekommen, weil sie einen Tag früher mit Stefanie ins Krankenhaus konnten und die Chance haben sie natürlich gleich genutzt. Die Enttäuschung darüber sitzt immer noch tief in mir.
Ich wünsche mir oft Unterstützung, wenn meine Eltern mit meinem Bruder Steffen Streit haben und es auch schon mal lauter werden kann.
Denn Stefanie fängt immer an zu schreien, wenn sie sich gegenseitig anbrüllen, und dann kommt sie immer zu mir. Ich muss deshalb auch immer weinen und bin selbst mit meinen Kräften am Ende.

Alena, 14 Jahre

Mein behinderter Bruder

Ich bin 14 und gehe aufs Gymnasium (8. Klasse). Zu meiner Familie gehören meine Eltern und mein behinderter Bruder Mark (12 Jahre), außerdem Omas, Opas und so weiter.

Mein besonderer Blickwinkel

Ich bin zwei Jahre älter als mein Bruder und das ist auch gut so, denn so kann ich ein bisschen über ihn bestimmen. Allerdings muss man auch so ein bisschen wie ein Vorbild sein, denn mein Bruder macht mir vieles nach.

Verantwortung

Ich passe manchmal auf meinen Bruder auf, wenn er hört, geht das eigentlich ganz gut.
Mein Bruder und ich gehen auf die gleiche Schule, da gucke ich dann auch manchmal nach ihm, obwohl ich das gar nicht muss.

Aussprechen von Gefühlen

Mit meinen Eltern kann ich darüber reden, aber anderen Leuten traue ich mich nicht zu sagen, dass mich zum Beispiel etwas ärgert, traurig macht.
Beispielgeschichte: In einer Pizzeria lästerte eine Frau mit ihrem Mann über meinen Bruder, das hat mich richtig sauer gemacht und ich hätte denen am liebsten meine Meinung gesagt, aber das habe ich mich dann doch nicht getraut.

Verzicht

Leider kann ich mit meinem Bruder nichts Normales spielen, keinen Sport machen, kein Fahrrad fahren (wir können in der Familie keine gemeinsame Radtour machen), kein Ski fahren und so weiter.

Ferien
Mit meinem Bruder kann ich kein Federball oder Ähnliches spielen und Wanderungen können wir nicht alle zusammen machen, aber das mache ich dann halt mit meinem Vater alleine.

Bevorzugung
Eigentlich werden bei uns Mark und ich gleich behandelt. Meistens werde ich sogar bevorzugt, Mark geht dann zu Oma und Opa und meine Mutter hilft mir bei den Hausaufgaben oder wir gehen in die Stadt.
Allerdings wird auch Mark manchmal bevorzugt.
Zum Beispiel: Als wir im Urlaub zu Fuß einkaufen waren, hatten wir alle Einkaufstüten zu tragen, nur Mark nicht, obwohl er das auch kann. Als ich meinen Eltern das dann gesagt hatte, haben sie es auch eingesehen. Allerdings gab es noch so eine Situation, bei der sie es nicht so richtig eingesehen haben. Als wir aus dem Urlaub zurückkamen, mussten wir alles aus dem Wohnwagen reintragen. Aber Mark ist reingegangen und hat kontrolliert, ob alles noch an seinem Platz ist. Ich habe dann wieder meinen Eltern gesagt, dass Mark doch auch etwas tragen kann, das haben sie dann auch wieder eingesehen. Wir haben Mark dann gesagt, dass er mithelfen soll, aber das hat nichts gebracht. Ich habe ihn dann immer mit nach draußen gezerrt und dabei hat er eine riesige Schreierei gemacht, sodass meine Mutter gesagt hat, dass ich es lassen soll, denn sie kann die Schreierei nicht mehr hören. Und so musste er nichts mehr tragen. Dann könnte ich ja auch einfach nichts tragen und wenn mich jemand rausschickt, würde ich schreien und dann müsste ich auch nichts tragen – aber keiner würde für mich meine Sachen reintragen. Für Mark allerdings wurden alle Sachen reingebracht. Außerdem würden meine Eltern mir

mit irgendetwas drohen, zum Beispiel, dass ich nicht irgendwohin mitkommen darf, wenn ich nicht mitmache.

Unterstützung durch Geschwisterseminar

Da beim Geschwisterseminar alle TeilnehmerInnen behinderte Geschwister haben, fühle ich mich in meiner Situation nicht alleine. Dort sprechen wir auch viel über schwierige Situationen mit den behinderten Geschwisterkindern. Wenn ich etwas erzähle, kann ich immer sicher sein, dass die anderen es nachvollziehen können, was bei fremden Leuten leider manchmal nicht selbstverständlich ist – und dann geht es mir immer gleich besser.

Ich kann mich dort auch gut mit anderen austauschen. Außerdem bekommen wir viele tolle Symbole und Geschenke, die mich trösten.

Man kann sich auch jederzeit an Marlies Winkelheide wenden, wenn man ein Problem oder eine Frage hat und bekommt immer sofort Unterstützung.

Gefühle

Was mich traurig macht

Wenn andere Leute meinen Bruder nicht akzeptieren, macht mich das richtig traurig.

Zum Beispiel: Ich war mit meiner Mutter und meinem Bruder schwimmen und danach hat meine Mutter meinen Bruder mit in die Damendusche genommen, denn alleine kann mein Bruder nicht duschen. Dort spielte sich folgendes ab:

Eine Frau zu meinem Bruder: „Herren auf der anderen Seite!"

Meine Mutter zu der Frau: „Ja, aber er kann das nicht alleine."

Die Frau sagte ganz blöd: „Er kann nicht alleine? Aber Herren ist auf der anderen Seite." Meine Mutter: „Ja, nun."

Das fand ich richtig blöd von der Frau, das hat mich ziemlich wütend und traurig gemacht.

Total blöd finde ich auch, dass manche Leute sagen, dass Behinderte nicht zur Schule gehen sollen, weil sie eh nichts lernen würden. Ich finde, das ist totaler Quatsch, denn mein Bruder kann auch vieles lernen und er hat auch schon viel gelernt, zum Beispiel ist er selbstständiger geworden, auch einige welt- und umweltkundliche Sachen und anderes hat er gelernt. Im Kooperationsunterricht mit der Regelklasse hat er auch schon vieles gelernt und er ist auch mit normalen Kindern zusammen. Außerdem kommt er in der Schule mal unter Leute und sieht mal was anderes.

Was mich nervt

Mein Bruder hört immer Kleinkinderkassetten, und zwar so laut, dass ich das alles auch immer höre – nervend. Außerdem fragt er den ganzen Tag ständig „Warum" bei Sachen, bei denen man kein „Warum" fragen kann. Wenn ich sage, dass ich es nicht weiß, fragt er trotzdem immer wieder nach.

Und er stellt auch immer völlig blöde Fragen wie zum Beispiel: „Wer stellt bei der und der Person den Fernseher leiser?"

Das nervt mich total. Ebenfalls hat er einen absoluten Ordnungsfimmel. Manchmal ist es ja ganz praktisch, wenn er alles wieder zurückräumt, aber er ist so pingelig, zum Beispiel darf die Taschentuchpackung nur in einer bestimmten Position liegen und für alles springt er sofort auf, auch wenn wir gerade essen.

Mein Bruder erlaubt mir wenig

Wenn ich Fernsehen gucke und mein Bruder meint, dass das blöd wäre, was ich gucke, dann motzt er mich an. Und auch wenn ich Radio höre, will er es gleich wieder abstellen.

Außerdem schreit er mich an, wenn ich laut Referate übe.

Aber ich soll alles erlauben

Wenn ich meinem Bruder etwas nicht erlaube, motzt er mich an und macht es meistens trotzdem.

Manchmal fühle ich mich von meinem Bruder verarscht

Meistens sagt Mark, wenn er etwas mit mir spielen möchte und wir gerade angefangen haben, dass er keine Lust mehr hat, und macht nicht mehr mit.

Einige Male wurde ich von meinem Bruder blöd hingestellt

Ich war mit Mark im Supermarkt und als wir an der Kasse waren, ging Mark noch mal ein kleines Stückchen weg. Ich habe ihn dann am Ärmel gezippelt und gesagt: „Komm her!"
Und dann hat er ganz laut Aua geschrien und alle Leute haben mich angeguckt – ziemlich peinlich.
Manchmal ist Mark ziemlich empfindlich und schreit immer, wenn ich ihm auch nur das Kleinste getan habe, und dann bekomme ich von meinen Eltern immer die Schuld.

Offene Fragestellungen

Wird Mark je einen Beruf lernen?
Wie wird Mark später wohnen?
Werde ich mich um ihn kümmern müssen?
Das sind Fragen, über die ich noch nie richtig nachgedacht habe und auch noch gar nicht nachdenken möchte.

Beschreibung meines Bruders

Mein Bruder ist geistig behindert, zum Beispiel kann er nicht lesen und schreiben und er kann manche Sachen auch nicht verstehen, zum Beispiel eine Spielanleitung.
Außerdem hat Mark keine Lust, beispielsweise Buchstaben zu lernen, und wenn er etwas weiß, ist es ihm zu langweilig zu antworten, wenn man ihn danach fragt.

Ebenfalls ist er körperlich behindert, zum Beispiel kann er nicht rennen.

Mein Weg in die Geschwistergruppe
Eine Frau, die auch ein behindertes und ein nicht behindertes Kind hat, das zum Geschwisterseminar gegangen war, hat meiner Mutter das empfohlen. Daraufhin hat meine Mutter mich gefragt, ob ich da mal mitmachen möchte, und ich wollte das einfach mal ausprobieren. Dann hat mir das Geschwisterseminar sehr gut gefallen und ich bin auch immer wieder hingegangen.

Linda , 15 Jahre

Familie, Liebe und Freunde

Familie:
Ich liebe meine Familie, aber ich bin etwas traurig und sauer. Traurig macht mich, dass ich meine Eltern zu selten sehe und dass sie keine Zeit haben, und wenn doch, machen sie mehr mit meinem Bruder. Wenn meine Eltern und mein Bruder Urlaub haben und wir in einen Freizeitpark fahren wollen, darf mein Bruder entscheiden, wo wir hinfahren. Sie lassen mich zwar auch einen Vorschlag machen, aber ich mache keinen mehr, weil wir dort dann ohnehin nicht hinfahren. Sauer bin ich, weil meine Eltern immer alles an mir auslassen, wenn sie schlechte Laune haben, Stress in der Arbeit oder auch mit meinem Bruder hatten. Oder auch wenn ich mal wieder zum Abwasch verdonnert wurde und ich anfange zu meckern, bekomme ich Ärger. Nur für eine Sache könnte ich mich selber ohrfeigen: Wenn sich Wut in mir anstaut, lasse ich sie an meinem Bruder aus. Das finde ich doof von mir, doch wenn sich Wut aufgestaut hat, denke ich nicht daran, sie nicht an meinem Bruder auszulassen!

Liebe:
Ich liebe meine Familie ganz doll, besonders meinen Bruder. Auch wenn wir uns ganz oft streiten, will ich nicht, dass ER in ein betreutes Wohnheim kommt, denn ich würde es nicht übers Herz bringen, wenn ich wüsste, er ist nicht mehr da. Dann würde ich kaputt gehen, genau wie er. Ich brauche meine Familie, auch wenn ich mit Problemen nicht zu meinen Eltern gehe, sondern zu meiner Oma, denn die hört mir immer zu. Bei ihr darf ich sauer, traurig oder fröhlich sein. Wenn ich sauer bin, holt sie mich wieder auf den Boden der Tatsachen zurück. Wenn ich traurig bin, tröstet sie mich und ist selber

manchmal traurig, und wenn ich fröhlich bin, ist sie fröhlich und freut sich mit mir.
Ganz einfach, ich brauche meine Familie!
Freunde:
Meine Freunde sind mir sehr wichtig, weil ich mit ihnen über jede Kleinigkeit reden kann, genauso wie sie mit mir. Ich könnte auch nicht ohne meine Freunde leben, weil ich sie einfach brauche als Unterstützung und als verständnisvolle Menschen, die genauso Stress und Streit, aber auch schöne Momente mit ihren Familien haben.
Manchmal bin ich auch froh, sie nicht zu sehen, wie auch meine Familie, von der ich ab und zu etwas Abstand brauche. Aber ich könnte nicht ohne sie leben, auch wenn es mit meinen Freunden manchmal Streit oder kleine Meinungsunterschiede gibt und mit meiner Familie fast täglich Streit. Ich brauche sie ganz stark zur seelischen und auch körperlichen Unterstützung.

Sabine, 15 Jahre

Ich habe den Glauben an den Islam und an die Heilung meiner Geschwister

Ich bin der älteste und gesündeste von uns dreien.
Mein Bruder ist 11 Jahre alt und meine Schwester 13 Jahre. Sie haben Epilepsie und Microcephalie. Dazu kommt, dass es immer schlimmer mit ihnen wird, weil sie sich zurückentwickeln, das bedeutet, sie können nicht laufen, sie haben eine Sehschwäche und noch vieles mehr.
Wir haben alles getan, fast die ganze Welt besucht und mit den Ärzten gesprochen. Doch keine Chance, die Lage wird schlimmer. In der Familie wird die Hoffnung so klein wie eine Bakterie. Es fehlt nur noch, dass etwas passiert in der Zukunft. Die beiden leben bei uns zu Hause, dadurch ist meine Mutter am meisten belastet.
Man fragt sich: Warum schickt ihr sie nicht ins Heim? Ganz simpel zu beantworten: Weil sie auch unser Fleisch und Blut sind, sie gehören zu unserer Familie – und in unserer Kultur gibt es solche Sachen wie Heim oder so etwas Ähnliches nicht.
Ich weiß meine Ziele nicht genau ... Ich habe viele Berufsziele gehabt wie Rapper, Fußballer, Islam-Lehrer, K1-Kämpfer, Ingenieur usw. Jedes Jahr habe ich meine Meinung geändert, dieses Jahr ist mein Berufswunsch Doktor – da ich meine Geschwister untersuchen und die Ursache ihrer Erkrankung finden will. Ich habe den Glauben an den Islam und den Glauben an die Heilung meiner Geschwister
Ich will erfolgreich sein.
Ich will viel Zeit in meine Familie investieren und viel Geld verdienen.

Ugur, 15 Jahre

Das Wichtigste ist, nicht den Mut zu verlieren

Mein Name ist Marianna, ich bin 16 Jahre alt und werde Ihnen meine Erfahrungen und Eindrücke mit meiner behinderten Schwester schildern.

Erst einmal zu meiner Familie. Die Jüngste ist Andrea, 14 Jahre alt und sie hat das Down-Syndrom. Meine mittlere Schwester heißt Barbara und ist 15 Jahre alt. Ich bin die Älteste von uns dreien und deswegen wurde mir, ohne böse Absichten, immer die Rolle der Großen, Starken und Erwachsenen zugeteilt. Und das war ich nicht mit 12, 13, 14 Jahren. „Ich wollte nie erwachsen sein!“, so heißt ein großartiges Lied und ich finde, es trifft es auf den Punkt.

Aber inzwischen habe ich diese Rolle abgelegt und jetzt fängt mein Leben an.

Es ist traurig, denn ich musste viel zurückstecken wie auch meine Schwester Barbara. Nur, dass jeder versucht, anders damit klar zu kommen. Jeder erlebt mal Rückschläge, aber das Wichtigste ist, wieder aufzustehen und nie den Mut aufzugeben! Ich habe diesen Rat befolgt und nun will ich ihn weitergeben. Denn nun kann ich sagen, dass ich reich an Erfahrungen bin, stark und fast erwachsen.

Es gibt viele Menschen, die sehr schlecht von behinderten Menschen reden. Einige haben keine Ahnung, warum es diese ‚Erbkrankheiten' gibt, und andere fühlen sich erst dann stark, wenn sie einen Schwächeren finden, den sie runtermachen können.

Ich finde das nicht in Ordnung, denn keiner von den behinderten Menschen, die ich kenne, wollte dieses Schicksal. Außerdem kann es jedem passieren, dass er plötzlich zum Beispiel querschnittsgelähmt ist. Immer und überall kann es vorkommen, dass Kinder mit weniger oder mehr Chromosomen auf

die Welt kommen. Jeder kann davon betroffen sein und es gibt keine Heilungsmöglichkeit! Man muss damit leben – und das gar nicht mal so schlecht.
Es gibt auch ganz tolle Seiten an diesem Leben.
Wenn Sie zwei Kinder fragen, die vier Jahre alt sind, was Liebe ist, dann wird das eine sagen: „Das weiß ich nicht. Ich glaube, wenn sie sich küssen."
Dieses Kind aus meinem Beispiel hat kein behindertes Geschwisterkind. Nein, diese Art von Liebe meine ich nicht.
Das andere sagt vielleicht: „Liebe ist, wenn ich weine und meine Schwester, mein Bruder nimmt mich in den Arm. Liebe ist, wenn ich meiner Schwester, meinem Bruder helfe, Dinge, die ich jeden Tag machen kann, zu lernen und auch auszuführen."
Ich bin mir sicher, dass so kein vierjähriges Kind spricht, aber diesen Inhalt wird die Antwort beinhalten.
Diese unbeschreiblich große Liebe ist einfach toll und man bekommt sie sogar kostenlos. Man muss dafür keine 1000 € zahlen und Schulden machen.
Diese Kinder/Menschen sind einmalig und sie erwarten nichts für ihre Liebe. Ohne meine Andrea würde mir was fehlen, etwas ganz Großes!
Mein Herz wäre dann wie zugefroren.

Nun zum nächsten Thema, welches ich vorhin schon kurz angeschnitten habe: Menschen, die keine Ahnung haben, wovon sie eigentlich reden.
Menschen verletzen Behinderte und ihre Angehörigen mit nur einem Blick. In diesem alles entscheidenden Augenblick.
Ich muss gestehen, dass ich natürlich auch behinderte Menschen angucke, aber ich gucke wissend, ermunternd, verständnisvoll und ohne jede Abneigung.

Ich habe da schon ganz andere Blicke erlebt. Es gab verachtende, abschätzende, unfreundliche und noch andere verletzende Blicke. Manche, ach so feinen Leute, sind empört, dass auch andersartige Menschen leben dürfen. So etwas finde ich unmöglich und es zeigt die Unwissenheit und Unzufriedenheit mit dem eigenen Leben. Aber wer hat das Recht, über Leben oder Nichtleben zu entscheiden? Niemand!
Meine Schwester bringt Schwung in mein Leben. Sie spielt mir Liebe oder irgendetwas anderes nicht vor. Sie ist so, wie sie ist, und dafür danke ich ihr von ganzem Herzen.
Andrea ist einfach bezaubernd, vielleicht ein bisschen naiv. Wenn sie sich freut, muss man sich einfach mitfreuen, lächeln, tanzen, singen und Gott dafür danken, dass es sie gibt.
Ich denke, das ist auch schon alles, was ich dazu zu sagen habe.
An alle Menschen, die Liebe wollen.
Erst müsst ihr geben, damit das Doppelte von ihnen zurückkommt.

Marianna, 16 Jahre

Sie ist wie eine Freundin

Wenn mich Leute fragen, ob und wenn, wie viele Geschwister ich habe, dann antworte ich nur: „Ich habe zwei Geschwister, meinen Bruder Luckas, 9 Jahre alt, und eine Schwester, 14 Jahre alt, die Larissa heißt."

Larissa hat das Down-Syndrom. Das ist eine Art Behinderung und wirkt sich auf unseren, meinen Alltag nicht deutlich aus. Larissa kann nicht so gut rechnen, schreiben und lesen und trotzdem, vielleicht gerade deswegen, sitzt sie manchmal ganze Nachmittage in ihrem Zimmer und schreibt Sachen auf, wie die Titel ihrer CDs oder schreibt das ‚Vater unser' ab, weil sie bis vor kurzem in den Konfirmationsunterricht gegangen ist – so wie alle aus unserem Dorf. Eben als hätte sie keine Behinderung.

Das ist immer toll, wenn ich sehe, wie sie sich auf Sachen wie Schule freut und auf ihre Freunde. Die haben zwar auch alle irgendeine Behinderung, doch sie sind ehrlich zu ihr.

Andere, also normale Menschen (das heißt nicht, dass Larissa nicht normal ist, sie ist nur leicht behindert), halten oft Abstand zu Larissa, weil sie einfach nicht wissen, wie sie sich verhalten sollen. Das finde ich immer sehr schade, denn Larissa ist gar nicht so anders – sie kann genauso gut rennen und turnen wie andere. Sie hatte, als sie noch klein war, immer an Kinderturnwettkämpfen teilgenommen und lag meist so im Mittelfeld der Platzierung, also gar nicht so schlecht. Heute spielt sie für ihr Leben gerne Fußball und ist großer Werder Bremen-Fan. Damit geht sie uns oft voll auf die Nerven, weil sie immer die Zeitung haben will, wenn Werder gespielt hat, und sie diese einfach mit zur Schule nimmt, und dann ist auch der Rest der Zeitung weg.

Aber Larissa kann auch richtig zickig sein, denn sie ist mit 14 Jahren voll in der Pubertät. Ich kriege mich dann immer mit ihr in die Haare. Und das ist überhaupt nicht gut, denn sie ist richtig stark und wenn sie haut, tut das auch richtig weh.
Natürlich muss sie auch im Haushalt mithelfen genausoviel wie Luckas und ich: Also Spülmaschine ein- und ausräumen, Wäsche zusammenlegen und und und ...
Aber ich habe sie auch richtig lieb und möchte sie nie verlieren. Denn sie ist wie eine richtige Freundin für mich. Ich kann ihr alles erzählen und sie behält es für sich, alles ...
Ich bin richtig glücklich, dass Larissa so ist. Wer weiß, wie sie sonst wäre, und ich habe so ja eine total liebe Schwester.

Bianca, 16 Jahre

Eine Selbstfindung

Ich weiß nicht, wann es in mein Bewusstsein vorgedrungen ist, aber ich habe nie gedacht, dass meine Lebenssituation in irgendeiner Weise vielleicht komisch oder anders sein könnte. In vielerlei Hinsicht kann ich von mir und meiner Familie behaupten, ein nicht ganz normales Leben zu führen, eher ein außergewöhnliches Leben.

Speziell zu meiner Situation kann ich sagen, dass ich am 23.06.1989, zehn Tage, so wird es zumindest angenommen, nach meiner Geburt als Findelkind zu meiner Familie kam. Meine Eltern hatten zu diesem Zeitpunkt bereits meinen zwei Jahre älteren Bruder und meine vier Jahre ältere Schwester adoptiert, der Unterschied zwischen den beiden und mir, sie kennen ihre ‚Erzeuger'; über meine Geburt weiß weder ich noch irgendwer sonst auch nur das kleinste Detail. Die einzigen Rückblicke erfolgen meinerseits über Zeitungsberichte und die Person, die am 13.06.1989 mein Leben rettete. Im Grunde genommen hätte heute so vieles anders sein können, wenn an diesem Dienstagmorgen nur ein paar kleine Dinge anders gelaufen wären. So hat mich der Tod um etwa fünfzehn Minuten verfehlt. Darüber bin ich durchaus glücklich, aber diese ganze Vorgeschichte nimmt mich in gewisser Weise so ein, dass ich mir sehr viele Gedanken über das „Was wäre wenn?" mache, was eigentlich total dämlich ist, denn es ist nun mal so passiert und wird sich nicht ändern.

Außerdem sollte ich umso dankbarer sein, so viel Liebe und Barmherzigkeit durch meine Familie und Freunde erfahren haben zu dürfen, also muss an meiner Existenz schon etwas Richtiges dran sein.

Gemessen am heutigen Umgang mit ‚ungewollten' Neugeborenen bin ich schockiert darüber, wie es bei den Möglichkei-

ten, die jungen oder überforderten Müttern in Hinsicht auf ihre Kinder zur Verfügung stehen, immer noch zu so vielen Kindertoten kommt.
Was muss den Müttern widerfahren, dass sie ihre Kinder weggeben? Ich wüsste es tatsächlich sehr gerne, außerdem fände ich interessant zu sehen, wie, wo und unter welchen Umständen ich sonst gelebt hätte. Es ist wohl verständlich, dass es mich reizt, solche Dinge zu erfahren, aber allein von der Illusion habe ich ja auch nichts ...
In Bezug auf das bisherige Leben hat mir meine besondere Situation weder Vorteile noch Nachteile beschert, meinem Selbstbewusstsein ist es sicher zugutegekommen und eigentlich kann ich mich über mein Dasein nicht beschweren. Ich kann mir kein besseres Leben vorstellen! Ist überhaupt etwas Schlechtes daran, als Findelkind in solch einer tollen Familie leben zu dürfen? Ich bin mir sicher, es wird mir niemand widersprechen, wenn ich behaupte, daran sei nur Gutes!
Man möchte ja annehmen, eine Familie mit drei Kindern sei schon recht groß, doch sollte ich nicht das jüngste Mitglied unserer Familie bleiben. Etwa vier Jahre nach meinem ‚Glücksfall' bereicherte Maria unseren wilden Haufen. Damit noch nicht genug, kam vor fünfeinhalb Jahren unser Küken dazu, Artemis. Die beiden Kleinen waren dafür ‚verantwortlich', dass nun eine neue Situation eintrat, denn beide sind behindert. Maria hat eine geistige Behinderung und Artemis das Down-Syndrom. Dass Maria und Artemis in irgendeiner Weise ‚krank' oder ‚erkrankt' sind, würde ich nicht sagen, sie leben bloß etwas anders, brauchen mehr Unterstützung in gewissen Dingen und sind unverschämt besondere Menschen, aber das im absolut positiven Sinne.
Es ist bei näherer Betrachtung schon lustig. Erst lebe ich mit meinen großen, nervigen Geschwistern zusammen, muss

mich tagtäglich gegen sie behaupten, meinen Dickkopf durchsetzen und mit ihnen um jede Kleinigkeit streiten. Im nächsten Moment sind die beiden ausgezogen und plötzlich bin ich die Große, übernehme Vorbildfunktion und Verantwortung.
Mein Leben macht einen großen Sprung. Ich kann das umsetzen, was ich all die Jahre vorher dank meiner Geschwister und Eltern gelernt habe. Auch das hat nur Positives mit sich gebracht, auch wenn es in vielen Situationen anstrengend, schwierig oder gar zum Verzweifeln war. Aber wenn man solche Hürden genommen hat, kann man immer sagen, dass man dadurch viel dazugelernt hat. Die Zeit des Kindseins geht viel zu schnell vorüber, sodass man, wenn man ‚endlich erwachsen ist', doch gerne wieder Kind wäre, um die Zeiten der Unbekümmertheit noch einmal zu erleben.
Das Bewusstsein, selber für seine Zukunft verantwortlich zu sein sowie gewisse Regeln und Einschränkungen akzeptieren zu müssen, einen Platz in der Gesellschaft finden und dabei seinen Individualismus aufrecht erhalten zu wollen, wirft wieder einige Fragen und Ungewissheiten auf. Wenn auch diese Hürde genommen ist, kann ich mir erneut sagen: ‚War doch gar nicht so schwer, und du hast wie immer viel daraus gelernt.'
So weit muss es allerdings aus jetziger Sicht erst einmal kommen, doch dazu denke ich, ich werde immer und bei allem bedenkenlos unterstützt und kann mir der Hilfe meiner Familie und Freunde absolut sicher sein. Diese Gewissheit empfinde ich als sehr wichtig und hilfreich dabei, sich sein eigenes Leben aufzubauen und die Verantwortung dafür selbst zu übernehmen.

Auch in Zukunft wird meine Familie eine besondere Rolle in meinem Leben einnehmen und ich hoffe, auch weiterhin die richtigen Entscheidungen zu treffen.

Katharina, 16 Jahre

Sich in eine Rolle einfügen

10.09.1992 Michael

15.10.1992 Mein Bruder kommt zu uns (an Papas Geburtstag).

Ich habe Michael von Anfang an als meinen Bruder akzeptiert.

Bezeichnende Geschichte

Ich weiß nicht mehr, wie es dazu kam, auch, dass es überhaupt passiert ist. Meine Mutter hat es mir erst später erzählt. Als ich mit/bei meiner Nachbarin spielte, sagte deren Opa zu mir: „Michael ist ja gar nicht dein Bruder." Daraufhin bin ich sofort weinend nach Hause gelaufen und habe es meiner Mutter erzählt, die mich getröstet hat.

1992 – 2003

Michael war schon immer eher verschlossen. Er hatte schon im Mutterleib gelernt, für sich alleine – auch ums Überleben – zu kämpfen, was mit der Drogensucht der leiblichen Mutter zusammenhängt.
Das Verhältnis zwischen ihm und uns, diese Aussage soll ihn keinesfalls von uns abgrenzen, war normal. Jedoch kann man sagen, dass es zwischen Michael und meiner Mutter anders war als zwischen Michael, meinem Vater und mir.

24.09.2003

Meine Mutter wurde nach einer Beerdigung auf dem Parkplatz zwischen zwei Autos zusammengedrückt. Darauf folgte eine lange Zeit im Krankenhaus, meine Mutter saß kurzzeitig im Rollstuhl, und eine Reha, die etwa bis Weihnachten dauerte.
Mein Bruder fühlte sich durch die lange räumliche Trennung ein zweites Mal von seiner Mutter verlassen, denn seine leibliche Mutter hatte ihn ja schon nach seiner Geburt weggegeben. Zu seinem leiblichen Vater hat er bis heute, wenn auch nur wenig, Kontakt.
Dieses erneute von der Mutter Verlassenwerden konnte Michael nicht verarbeiten. Sein Vertrauen, vor allem das zu unserer Mama und zu sich selbst, sank enorm. Auch sein Selbstwertgefühl litt stark. Er hatte Angst davor, sein Leben ohne Mama nicht geordnet zu bekommen.
All das war uns zu diesem Zeitpunkt jedoch nicht bewusst. Erst nachdem Michael um Ostern 2004 zirka sechs Wochen in der Kinderklinik von Osnabrück weilte, wurde klarer, wie er sich fühlte.
Die Zeit nach dem Unfall meiner Mutter war für mich die Zeit der Ungewissheit. Einmal war da meine Mutter. Erst wusste man nicht genau, was sie alles hatte, dann kamen die OP, die – wenn auch nur kurze – Zeit im Rollstuhl, die Reha. Mittlerweile geht es ihr wieder gut, jedoch wird sie ewig Schwierigkeiten mit ihrer Hüfte und dem Rücken behalten.
Zum anderen wurde mein Bruder immer anstrengender.
Während meine Mutter nicht zu Hause war, übernahm ich eine Menge der alltäglichen Hausarbeiten, wobei wir auch jemanden hatten, der zweimal die Woche bei uns putzte.
Erst hinterher, nicht zuletzt durch das Geschwisterseminar und durch Gespräche mit einer Mitarbeiterin des SKF, wurde

mir und meinen Eltern klar, dass ich während der Zeit, die meine Mutter im Krankenhaus war und auch im darauf folgenden Jahr, mir immer mehr eine Art Mutterrolle zugeschrieben habe. Ich weiß nicht warum, aber ich glaube, dass ich in dieser Zeit einfach nur stark sein wollte und es für mich sein musste.

Wenn nicht meine Oma, die direkt nebenan wohnt und für uns gekocht hat, mit Michael gelernt hat, habe ich das auch übernommen, was nicht selten zu Auseinandersetzungen geführt hat, denn – so würde ich es nennen – mein Bruder und ich haben grundverschiedene Einstellungen zur Schule und zum Lernen. Doch nicht nur zu der Zeit, sondern auch als meine Mutter wieder da war und bis heute sind vor allem die Hausaufgaben das Konfliktthema Nummer eins und sorgen immer wieder für Auseinandersetzungen zwischen Mama und meinem Bruder, die mich besonders in der ersten Zeit sehr wütend und traurig gemacht haben. Jeden Mittag gab es Geschrei; es gab so gut wie keinen Mittag, an dem man einmal in Ruhe seine Hausaufgaben machen konnte oder mal fernsehen konnte.

Doch das war nicht das Schlimmste. Mein Bruder und meine Mutter entfernten sich immer weiter voneinander. Meine Mutter durfte ihn nicht einmal mehr berühren. Das traf und trifft meine Mutter sehr hart. Sie war oft sehr traurig und wusste genauso wenig wie Papa und ich, wie damit umzugehen.

Doch je weiter Michael sich von Mama entfernte, desto weiter entfernte er sich auch von Papa, und was mich am allermeisten traf, auch von mir. Michael zog sich immer mehr zurück.

Man konnte nicht mehr mit ihm sprechen, auch erzählte er nichts, fraß alles in sich hinein.

Im Nachhinein würde ich diese Wochen und Monate einerseits als Zeit der Aktivität bezeichnen, da ich Aufgaben übernom-

men habe und versucht habe zu helfen, andererseits als Zeit der Aggression und Depression. Ich war oft verzweifelt, weil es Mama und Michael schlecht ging und ich nicht helfen konnte. Ich habe mich über mich selbst geärgert, weil es nicht so klappte, wie ich wollte oder es mir vorgenommen hatte. Ich war enttäuscht von mir selber. Besonders die Tage, an denen es meiner Mutter schlecht ging, sie weinte, müde und kaputt war und manchmal noch ist, waren schlimm für mich.
Nachdem Michael um Ostern 2004 in der Kinderklinik in Osnabrück war – in dieser Zeit war er nur am Wochenende zu Hause – verbesserte sich die Gesamtsituation, aber nur sehr, sehr langsam.
Es gab immer noch sehr viele Konfliktsituationen im alltäglichen Leben und ich habe die Verantwortung, die ich schon vorher übernommen hatte, weiter getragen, habe weiterhin die Mutterrolle übernommen und stand immer unter einem enormen Druck, den ich mir selber gemacht habe.
Besonders eine Aussage oder ein Gedanke, den meine Mutter öfter äußerte, hat mir zugesetzt: „Bevor Michael uns drei auseinander bringt, geht er, geben wir ihn ab."
Für mich stand und steht immer fest, dass wir vier sind und sich daran auch nichts ändern soll.

Anfang 2005 habe ich von einer Freundin meiner Mutter eine Einladung zu einem „Seminar mit jugendlichen Geschwistern von Menschen mit Behinderung", das unter dem Thema „Auf der Suche nach meinem eigenen Weg" stand, bekommen. Erst einmal wusste ich nicht, ob ich dort hineinpasse, denn mein Bruder hat keine Behinderung. Doch nicht nur mit dem Thema, auch mit den im Weiteren angesprochenen Fragestellungen und Problemen konnte ich mich identifizieren. Also meldete ich mich an, worüber ich heute sehr froh bin. Meine

Angst, dort nicht hinein zu passen, bestätigte sich nicht. Ich habe Menschen kennen gelernt, die meine Gefühle und Gedanken nachvollziehen können, vieles selber kennen.
Nach dem Geschwisterseminar Anfang 2005 habe ich dann langsam begonnen, meinen eigenen Weg zu gehen und Dinge, die zwischen meinen Eltern und Michael sind, für mich egaler werden zu lassen, einiges nicht mehr zu beachten. Ich merkte selber, wie es mir dadurch immer besser ging. Auch das Verhältnis zu meinem Bruder verbesserte und verbessert sich ständig, wenn es auch für mich sehr herbe Rückschläge gab.
Die besten Beispiele sind folgende:
Meine Eltern sind 2004 und 2005 zwei Mal alleine in Urlaub gefahren. Beim ersten Mal waren Michael und ich alleine. Unsere Oma, die nebenan wohnt, hat morgens dafür gesorgt, dass Michael zur Schule kam, da ich eher als er aus dem Haus musste. Die ersten zwei Morgen hat das auch geklappt. Den Rest der Woche ist Michael nicht mehr zur Schule gegangen. Er ist zwar mit dem Fahrrad losgefahren, dann aber entweder durch die Gegend gefahren oder er hat sich wieder ins Haus geschlichen. Schon hier war ich wütend und enttäuscht. Als meine Eltern dann wieder alleine in Urlaub wollten, war ich erst einmal dagegen, mit Michael alleine zu bleiben, jedoch gönnte ich meinen Eltern auch die gemeinsame Zeit der Erholung.
In einem Gespräch mit einer Mitarbeiterin des SKF wurde ich noch einmal symbolisch von aller Verantwortung freigesprochen und Michael versprach, zur Schule zu gehen und seine Hausaufgaben zu machen. Außerdem kam meine andere Oma jeden Nachmittag, um mit Michael zu lernen.
Ich hatte die ganze Woche auch ein ziemlich gutes Gefühl, bis am letzten Nachmittag das Telefon klingelte. Michaels Klas-

senlehrerin fragte mich, was mit ihm sei, er wäre schon drei/vier Tage nicht mehr in der Schule gewesen.
Ich war sauer und enttäuscht, vor allem tat es mir für meine Oma leid, die jeden Tag zirka eine Stunde unterwegs war. Ich hatte die ganze Woche so ein gutes Gefühl gehabt, hab mich richtig gut mit Michael verstanden und dann das!
Mittlerweile habe ich gelernt, mit solchen und ähnlichen Rückschlägen umzugehen. Ich fühle mich wohl und bin auf meinem Weg, weiß, was ich will.
Die gesamte Situation ist okay und auch meine Mutter und mein Bruder können wieder miteinander umgehen und zusammen Spaß haben. Besonders der Skiurlaub, in dem wir alle zusammen schöne Tage verbracht haben, hat mir dies gezeigt.

Die Tatsache, dass ich meinen Vater nur wenig erwähne, liegt nicht an fehlendem Interesse und Engagement seinerseits, sondern grundsätzlich daran, dass er viel arbeitet, aber auch daran, dass er in der ganzen Zeit aus meiner Sichtweise nicht so stark in Erscheinung getreten ist.

Carina, 18 Jahre

Ergänzung:

Diesen Text habe ich während meines dritten Geschwisterseminars im April 2006 verfasst.
Ich hatte schon länger vor, alles einmal aufzuschreiben, nicht für ein Buch, einfach nur für mich.

Auf dem Seminar hatte ich Zeit und Ruhe. Wollte ich vorher, zu Hause, anfangen zu schreiben, kam immer irgendetwas dazwischen. Außerdem wusste ich nie, wie und was ich schreiben sollte. Vielleicht fehlte mir auch ein Adressat, ein potentieller Leser.

Beim Seminar war das ganz einfach, ich brauchte gar nicht viel überlegen. Dafür war die Entscheidung, den Text vorzustellen, umso schwieriger für mich. Einerseits wusste ich, dass mich innerhalb der Gruppe niemand für das Geschriebene „anklagt“ oder es unangemessen behandelt. Andererseits hatte ich Angst, dass es falsch verstanden wird, dass einiges anders ankommt, als es gemeint ist. Vielleicht auch davor, dass ich irgendwem Unrecht tue oder ihn bloßstelle, wobei ich alles, was ich so geschrieben habe, so empfunden habe und keine Schuldzuweisung oder Ähnliches (z. B. Kritik) machen möchte.

Es war schwer, so viel von sich preiszugeben.

Ich wollte den Text vorstellen, aber irgendwie auch nicht. Mir wurde viel Zeit gelassen und nach langem innerem Kampf und Hin und Her habe ich mich entschieden, den Text vorzulesen.

Im Nachhinein bereue ich diese Entscheidung nicht. Hätte ich es nicht getan, hätte ich mich schon gerade zu Hause angekommen, darüber geärgert.

Also fing ich an zu lesen. Alle hörten aufmerksam und gespannt zu. Meine Gefühle und auch die Stimmung in der Gruppe während der gesamten Zeit kann ich gar nicht treffend beschreiben.

Ich war froh, die Entscheidung getroffen zu haben, hatte Angst, war froh, dass jemand die Geschichte hört ... Schon nach wenigen Zeilen war ich in Tränen ausgebrochen. Ich gab Marlies den Text. Sie las die Geschichte zu Ende. Anschließend war ich irgendwie erleichtert.

Ich hatte das Gefühl, ganz viel von mir gegeben zu haben, verspürte eine gewisse Leere.
Alle Teilnehmer (insbesondere die Mädchen) berührte der Text. Sie fühlten sich an selbst erlebte Situationen erinnert. Auch wurde gesagt, dass mein Text neue Sichtweisen und Wege aufzeigt.
Die erste Zeit nach dem Seminar, wieder zu Hause, war schrecklich für mich und ich konnte mir nicht erklären warum. Irgendwie fühlte ich mich leer, ich mochte nicht zu Hause sein, wusste aber auch nicht wohin, wollte alleine sein. Ich habe andauernd über den Text nachgedacht, hatte zu nichts Lust. Irgendetwas hatte sich verändert, ich konnte es aber nicht definieren und noch viel weniger mitteilen. Zu Hause wusste (und weiß) ja niemand von dem Text.
Erst als ich mich Anfang Mai in Bremen mit Marlies getroffen habe wurde mir das klar und ich konnte meine Situation besser einschätzen.
Ich denke zwar noch immer viel und oft an den Text und alles andere Beschriebene, aber längst nicht mehr so viel und so oft wie nach der Zeit auf dem Seminar.
Ich gehe meinen eigenen Weg und ich möchte sagen können „I did it my way".
2007 werde ich voraussichtlich mein Abitur machen. Anschließend möchte ich ein Jahr als
Au Pair ins Ausland gehen und dann Medizin studieren. Ob das klappt? – Wer weiß!

Dass ich mich dafür entschieden habe, diese meine Geschichte in dieser Form zu veröffentlichen, liegt daran, dass ich hoffe und mir wünsche, dass sie andere Menschen in ähnlicher Situation weiter bringt, vielleicht ihnen Mut macht, nach dem eigenen Weg zu suchen.

Meine Line Story

Als meine kleinste Schwester Merlin zur Welt kam, bin ich gerade fünf geworden. Für mich bedeutete das in dem Moment nur, dass meine Mama noch weniger Zeit für mich hatte, denn nicht mal ein Jahr zuvor ist meine zweitjüngste Schwester, Svenja, geboren worden. Mit meiner vier Jahre älteren Schwester, Hendrike, konnte ich wenig anfangen, weil sie keine Lust auf ‚Lego' hatte. Als ich dann älter wurde, zirka zwei Jahre später, spitzte sich die Lage zu.

Meine Eltern erklärten mir, meine kleinste Schwester wäre etwas ganz Besonderes. Ich verstand nicht, was das bedeutete, denn sie entwickelte sich bis dahin wie Svenja – nur um ein Jahr versetzt. Das Erste, was ich mitbekam war, dass sie regelmäßig ins Kinderkrankenhaus musste, weil sie dort eine Therapie bekam. Ich fand heraus, dass sie dort allein auf einem riesigen Trampolin springen durfte, was ich als ziemlich ungerecht empfand. Ich musste nämlich auch zu einer Therapie, aber ich musste dort immer schreiben und andere Übungen dieser Art machen. Mir wurde erklärt, dass ich eine Schwäche namens Legasthenie hätte.

Etwa zu dieser Zeit sagte man mir auch den Grund, warum Merlin nicht richtig anfangen wollte, wie Svenja zu sprechen, und dazu das bisschen Sprechen immer weniger wurde. Ich hatte aber auch selber genügend mit der Schule, insbesondere mit dem Deutschunterricht zu kämpfen, als dass ich mir sonderlich Gedanken darüber machte, warum das so sein sollte und warum Linchen ein eigenes Trampolin hatte. So in der 4ten Klasse musste ich dann lernen, dass bestimmte Worte, wie zum Beispiel ‚behindert', keine Beleidigungen sind, sondern eine Schwäche. Ich lernte auch, dass ich helfen soll, wenn ich merke, dass jemand meine Hilfe braucht. Meinem engeren Freundeskreis dies zu übermitteln, war nicht schwer, denn sie alle kannten Merlin. Doch bei den anderen war häufig Schluss mit dem Verständnis, und ich musste mich in zahlreichen Diskussionen schlagen wegen dieser ‚normalen' Beleidigung.

Zu Hause hatte ich auch regelmäßig Stress wegen Deutsch und mittlerweile auch wegen Englisch, was mir quälende Stunden mit meiner Privatnachhilfelehrerin einbrachte.

Linchen war gerade dabei, den Ernst des Lebens kennen zu lernen, denn sie kam in die erste Klasse der Freien Martinsschule in Hannover. Morgens wurde sie deswegen immer mit dem Schulbus abgeholt – was weitere Ungerechtigkeiten bedeutete. Doch mittlerweile konnte ich es gut verstehen, da Merlin es eindeutig nicht alleine schaffen konnte, zur Schule zu kommen. Während dieser Zeit durchliefen wir beide verschiedene Therapien. Irgendwann gab ich dann auf, weil ich keine wirklichen Erfolge feststellen konnte. Merlin bekam weiter Chirophonetik und Massage-Therapien.

Jetzt komme ich in das dritte Lehrjahr meiner Ausbildung zum Koch und Line in die 7te Klasse. Svenja besucht die 8te Klasse und Rike wohnt in Augsburg. Sie wird Logopädin und wir sehen uns alle wenig. Allgemein gehen wir alle verschiedene Wege. Wir versuchen, uns gut zu verstehen, was bei uns ein wenig schwierig ist. Ich habe das Gefühl, dass wir alle durch Merlin ziemlich früh und auf ziemlich ungewöhnliche Art vernünftig und selbstständig werden mussten und wollten. Wir wollten schließlich versuchen, es unseren Eltern so einfach wie möglich zu machen. Dass das manchmal das Gegenteil hervorruft, wissen wir, aber wir arbeiten daran. Und wir wissen, dass wir immer zusammenhalten und uns gemeinsam um uns kümmern werden!

Für die Zukunft sind wir drei Geschwister uns einig, dass unser Linchen glücklich sein soll, und sie ein Leben führen kann, in dem sie sich sicher und geborgen fühlt! Ich könnte mir vorstellen, dass – hoffentlich erst in sehr vielen Jahren – wir alle drei gemeinsam die Verantwortung für Merlin übernehmen und zusammen alle nötigen Entscheidungen für sie treffen werden.

Malte, 19 Jahre

Ich bleibe immer ihre Schwester

Meine Schwester Merlin lebt in ihrer eigenen kleinen Welt – und ich bin so froh, dass ich ein Teil davon sein darf!

Merlin ist die jüngste von meinen Geschwistern. Als sie eineinhalb Jahre alt war, wurde die Diagnose ‚Rett-Syndrom' gestellt. Ich konnte damals nicht verstehen, was sich dadurch ändern sollte – ich liebte Merlin doch immer noch genauso sehr wie vor der Diagnose! Aber es änderte sich eben doch etwas. Es war eine schleichende Entwicklung, so wie Merlins ‚Krankheit' auch.

Merlin entwickelte sich eigentlich ganz gut. Sie ist ein fröhliches Mädchen, das viel kichert und sich an den kleinen, für uns nicht immer erkennbaren Dingen im Leben freut. Leider verlernte sie das Sprechen und das sinnvolle Benutzen ihrer Hände mit der Zeit, sodass sie rund um die Uhr auf Hilfe angewiesen ist. Anfangs war das noch relativ einfach, doch je älter Merlin wird, desto mehr Kraft und Geduld benötigt man.

Dadurch, dass wir vier Kinder in der Familie sind, waren wir schon von vornherein eine besondere Familie. So viele Geschwister haben nicht viele Kinder. Doch durch Merlin wurden wir auch noch zu einer ‚Familie, die eben anders ist als die anderen'. Den Spruch habe ich früher oft gehört – immer dann, wenn ich keine Zeit hatte, im Haushalt mitzuhelfen, weil ich mich mit Freunden treffen wollte, oder einfach mal keine Lust hatte. Dann wurde mir erklärt, dass wir anders sind als die anderen Familien und darum bei uns jeder mithelfen muss! Mit dem Argument konnte mich meine Mama immer schlagen. Sofort hatte ich ein schlechtes Gewissen und erledigte – wenn auch nur ungern – meine Arbeiten.

Jetzt im Nachhinein muss ich zugeben, dass es eigentlich ganz schön ist, ‚anders' zu sein. Es hat ja auch viele positive

Dinge mit sich gebracht: Wir halten alle sehr stark zusammen und wissen, dass wir alle immer füreinander da sind, egal wann und wo. Merlin hat uns noch mehr zusammengeschweißt, als es in normalen Familien der Fall ist. Natürlich gibt es auch mal Streit, doch ich kann mir nicht vorstellen, dass wir uns irgendwann so verkrachen, dass wir nichts mehr voneinander wissen wollen. Wenn es schwer wird, halten wir sofort wieder zusammen.

Für mich war es ganz am Anfang ein großes Problem, noch ein Geschwisterchen zu bekommen:
Malte (damals fünf Jahre) erzählte mir (damals neun Jahre) im Sommer, unsere Mutter sei schon wieder schwanger. Ich glaubte ihm nicht. Nur weil Mama wieder zugenommen hatte, musste sie ja nicht gleich schwanger sein! Ich ging zu Mama, um ihr zu erzählen, welche Lügen mein kleiner Bruder verbreitete. Als meine Mama aber sagte, Malte hätte Recht, hatte ich das Gefühl, meine kleine, heile Welt würde zusammenbrechen. Das durfte nicht sein! Mama hatte erst vor ein paar Monaten Svenja bekommen und wenn nun noch ein Baby kommen sollte, müsste ich bestimmt mein schönes großes Zimmer hergeben! Ich war sehr wütend.
Als es dann aber so weit war und ich die kleine, dicke Merlin das erste Mal sah, schloss ich sie sofort ins Herz. Ich hätte sie nicht wieder gegen mein großes Zimmer eintauschen wollen, das sich nun Svenja und Merlin teilen mussten ...
Nach zirka eineinhalb Jahren machten sich Mama und Rolf Sorgen um Merlin. Mama hatte immer öfter das Gefühl, dass Merlin irgendwie ‚anders' war als der Rest von uns. Schließlich suchten Mama und Rolf einen Arzt nach dem anderen auf, um herauszufinden, was mit unserer Line nicht stimmen würde. Eines Abends dann, als Mama mit Merlin in einem Kranken-

haus übernachtete, erzählte sie mir am Telefon, dass Merlin behindert wäre. Sie hätte das Rett-Syndrom. Ich verstand nicht, was daran so schlimm sein sollte. Es änderte sich doch nichts. Ich hatte Merlin trotzdem genauso lieb wie vorher!
Aber irgendwie änderte sich doch etwas. Mama weinte abends oft, Rolf arbeitete mehr als vorher. Ich versuchte dann immer, Mama zu trösten, nahm sie in den Arm und erklärte ihr, dass alles nicht so schlimm wäre. Mama wurde für mich so etwas wie meine beste Freundin. Wir redeten immer über alles und bauten uns gegenseitig wieder auf. Das ist auch heute noch so.
Um Mama irgendwie zu helfen, machte ich so oft ich konnte was mit Svenja. Wir gingen Eis essen, ich nahm sie mit zu Freunden und nachts holte ich Svenja in mein Bett, wenn sie nicht schlafen konnte oder schlecht geträumt hatte. Manchmal nannte mich Svenja „Mama", was mich furchtbar stolz machte!
Unsere Ferien verbrachten wir immer in Cuxhaven, wo wir ein kleines Ferienhäuschen haben. Es war immer ganz schön, doch irgendwann wollte ich auch mal was anderes von der Welt sehen als nur Cuxhaven. Ich verstand natürlich, dass wir mit Merlin nicht überallhin konnten, da der Weg zu lang war oder sich andere Gäste gestört fühlen könnten, wenn Merlin ihrer Freude Ausdruck verlieh. Und so fuhren wir weiterhin immer in unser Häuschen.
Irgendwann beschlossen Mama und Rolf, dass sie sich ihren Wunsch vom eigenen Haus erfüllen wollten. Rolf arbeitete fast zwei Jahre an der Umsetzung. Mama und Rolf versuchten, auch uns mit einzubeziehen und auch unsere Wünsche zu berücksichtigen. Doch ich sträubte mich dagegen, ich wollte auf keinen Fall aus unserem Wohnort weg. Ich fand, dass unsere Wohnung groß genug wäre, auch wenn Merlin inzwischen in der Waschküche ihr Bett stehen hatte.

Im Sommer 1998 kam meine Mutter ins Krankenhaus. Sie hatte Gallensteine und musste operiert werden. Wir waren alle der Meinung, dass es gut wäre, wenn sie anschließend noch drei Wochen zur Kur fahren würde. Rolf war noch im Bau-Endspurt. Ich hatte zum Glück Sommerferien und so konnte ich mich um Merlin kümmern und abends schon mal ein paar Sachen zusammenpacken für den Umzug ins neue Haus.
Ich weiß nicht mehr genau, wie wir die Zeit verbrachten, aber ich kann mich daran erinnern, dass wir alle mitgeholfen haben und Freunde und Verwandte uns unterstützten, wo sie nur konnten. Und so schafften wir es wirklich, noch vor Beginn des neuen Schuljahres umzuziehen.
Durch die bewältigten schwierigen Wochen war es mir inzwischen egal, wo ich wohnen sollte – Hauptsache, wir waren alle wieder zusammen und gesund. Und wie so oft, fand die, die sich am meisten gegen den Umzug gesträubt hatte, am schnellsten von allen Anschluss. Die neuen Leute, die ich kennen lernte, waren alle sehr nett und wurden schnell zu guten Freunden.

Merlin kam ein Jahr später in die Schule. Ich konnte mir nicht vorstellen, wie das gehen sollte. Sie konnte ja doch nichts lernen – wozu dann in die Schule gehen? Mama und Rolf hatten sich für die Freie Martinsschule entschieden, wo Merlin auch schon im Kindergarten war. Die Schule ist wirklich schön und für Merlin genau die richtige. Line fühlt sich dort sehr wohl. Es ist ja auch viel spannender, mit Gleichaltrigen zusammen zu sein, als rund um die Uhr etwas mit der Familie zu machen.

2003 machte ich mein Abitur. Anschließend ging ich für ein halbes Jahr nach Neuseeland. Das war eine tolle Erfahrung.

Ich lernte, mir Zeit zu nehmen zum Wahrnehmen und Genießen. Es ist schon ein großer Unterschied, ob man allein am anderen Ende der Welt sitzt oder in einer sechsköpfigen Familie lebt. Es war eine wundervolle Zeit und ich hatte viele schöne Erlebnisse – doch Weihnachten fand ich furchtbar! Es war alles falsch: Es war Hochsommer, es gab keinen Weihnachtsbaum und am anderen Ende der Welt saß meine Familie zusammen, sang Weihnachtslieder, packte Geschenke aus. Ich bin einfach ein Familienmensch!
Zwischendurch machte ich mir oft Sorgen, ob Merlin mich wohl nach sechs Monaten wiedererkennen und akzeptieren würde. Wir telefonierten zwar zwischenzeitlich, doch ich wusste nicht, wie viel Merlin von dem verstand, was ich ihr erzählte. Als ich dann wieder da war, war Line zunächst etwas zurückhaltend. Doch mit der Zeit wurde unser Verhältnis richtig gut! Wir unternahmen öfter einmal etwas gemeinsam oder verbrachten auch einfach nur die Zeit zusammen mit Musik hören, kuscheln oder kichern.
Im April bekam ich dann eine Zusage aus Augsburg, wo ich mich um einen Logopädieplatz beworben hatte. Schweren Herzens zog ich also nach Bayern, um meine dreijährige Ausbildung zu beginnen. Warum musste es so weit weg von zu Hause sein? Es fiel mir am Anfang sehr schwer. Ich vermisste meine Familie viel mehr als in Neuseeland, weil ich wusste, dass ich sie zumindest die nächsten drei Jahre nur noch in den Schulferien sehen würde. Außerdem machte ich mir wieder Sorgen wegen Merlin. Kaum hatten wir so ein tolles Verhältnis, da war ich auch schon wieder weg und kam nur ganz unregelmäßig nach Hause.
Zum Glück hat es Line sehr schnell akzeptiert. Wenn ich da bin, braucht sie ein paar Minuten / Stunden, dann freut sie sich, dass ich für ein paar Tage da bin. Das geht ganz gut.

Trotzdem kann ich nicht aufhören, mir Sorgen zu machen. Merlin ist jetzt 12 Jahre und kommt wohl gerade in die Pubertät. Ihr Körper verändert sich und wir können ihr nicht erklären warum. Darum ist Merlin in letzter Zeit ziemlich oft schlecht drauf. Sie meckert dann oder weint. Häufig knetet sie auch mit ihren Händen und haut sehr kräftig zu – egal ob auf den Tisch, gegen den Schrank oder die Wand, auf andere oder sich selbst. Leider lässt sich Merlin dann auch nur schwer wieder beruhigen. Wenn ich so eine Phase mitbekomme, macht mir das Angst. Ich weiß nicht so recht, wie ich damit umgehen soll. Ich fühle mich dann so hilflos. Ich weiß einfach nicht, was ich tun kann. Wenn Mama da ist, gehe ich auch recht oft einfach in mein Zimmer. Doch irgendwie hab ich dann schon ein schlechtes Gewissen. Müsste ich nicht eigentlich bei ihr bleiben und helfen, Merlin zu beruhigen?
Es ist beängstigend zu wissen, dass ich früher ohne Probleme auf Merlin aufpassen konnte – teilweise auch zwei oder drei Wochen am Stück. Natürlich war es dann auch mal anstrengend und Line war zwischendurch schlecht drauf, aber es war gut machbar! Inzwischen bin ich mir nicht sicher, ob ich es noch schaffen würde. Merlin wird immer größer und kräftiger. Wenn sie heute richtig zuhaut, kann es auch mal sehr wehtun. Es wird immer anstrengender.
Wenn ich an die Zukunft denke, dann kann ich mir nicht vorstellen, wie es weitergehen soll. Es ist ganz klar, dass Merlin zu Hause wohnen bleibt, solange sie in die Schule geht. Doch was kommt dann?
Eigentlich dachte ich immer, dass mich nichts von meiner Familie trennen kann. Doch jetzt merke ich schon, dass es durch die Entfernung anders ist als früher. Ich bekomme einfach nicht mehr ganz so viel mit, was zu Hause passiert. Im Grunde lebe ich jetzt in Augsburg mein eigenes Leben. Und

was mich am meisten irritiert: Es gefällt mir.
Mein Freund kommt aus Bayern und ich habe Freunde dort gefunden. Ich könnte mir schon gut vorstellen, da unten auch nach meiner Ausbildung zu bleiben. Doch was ist dann mit meiner Familie? Eigentlich war ich mir sicher, dass ich immer in der Nähe meiner Familie bleiben werde. Ich wollte meine Familie regelmäßig besuchen und später natürlich die Vormundschaft für Line übernehmen. Schließlich bin ich doch die Älteste! Jetzt ist das alles für mich nicht mehr so klar. Soll ich wirklich in Bayern bleiben, ist es sinnvoller, wenn sich Malte oder Svenja später um Line kümmern? Ich könnte meine Familie wahrscheinlich nur zwei- bis viermal im Jahr für ein paar Tage sehen. Doch ich weiß nicht, ob mir das reicht. Ich liebe meine Familie und sie ist mir so wichtig! Ich bin mir nicht sicher, ob ich mein eigenes Leben führen kann, ohne mich deswegen schuldig zu fühlen. Schuldig dafür, dass ich so weit weg und nur selten zu Hause bin. Wenn ich erst mal richtig arbeite, habe ich noch weniger Zeit, nach Hause zu kommen, und kann darum noch weniger helfen als bisher. Soll ich das meiner Familie zumuten?
Es fällt mir sehr schwer, mich zu entscheiden, wie ich mein weiteres Leben gestalten will, und erst recht zu wissen, welche Entscheidung richtig ist. Ich kann trotz 600 km Entfernung auch nach zwei Jahren noch nicht meine Verantwortung für meine Familie ablegen. Und wenn ich ganz ehrlich bin, weiß ich auch gar nicht, ob ich diese Verantwortung überhaupt abgeben möchte. Schließlich bin ich doch ein Teil dieser ganz besonderen Familie. Hier habe ich meinen festen, sicheren Platz. Eigentlich möchte ich diesen Platz nicht aufgeben. Ein bisschen Angst habe ich auch: Was bin ich denn ohne meine Verantwortung in meiner Familie? Natürlich weiß ich, dass ich immer mit offenen Armen zu Hause empfangen werde – egal,

wo ich mein Leben lebe. Aber es wird ein Unterschied sein, ob ich in der Nähe bin oder ein paar hundert Kilometer entfernt.

Im Februar war ich bei einem Geschwisterseminar. Es hat gut getan, mit anderen Geschwistern seine Gedanken zu teilen. Einfach einmal über alles reden und merken, dass andere Geschwister genau die gleichen Sorgen und Ängste haben. Und was noch viel wichtiger ist: Es ist in Ordnung.
Im Grunde weiß ich jetzt, egal wie ich mich entscheide, ich werde immer Merlins Schwester bleiben! Und das ist auch sehr gut so.

Rike, 21 Jahre

2. Die mittlere Generation reflektiert

Ein Leben mit behindertem Bruder

Zeit

Kann ich mich leider nicht mehr daran erinnern, jetzt habe ich halt kaum Zeit, da ich in der Woche 60 bis 90 h arbeite.

Verantwortung

Wollte ich früher nie so gerne übernehmen, wachse jetzt aber ganz gut rein. Bin halt in der Beziehung etwas spät gereift.

Aussprechen von Gefühlen

Hatte ich schon immer Probleme, besonders als ich in meine Erzieherin verknallt war. Mit einem behinderten Bruder kann man schnell ausgegrenzt werden.

Verrat, Solidarität

Nicht jeder Freund hielt zu einem, wenn es um Behinderungen ging.

Ferien

Mit einem behinderten Bruder konnte man schlecht in den Urlaub fahren.

Bevorzugung

Gab es eigentlich nicht, außer dass meine Eltern sich ständig selber bevorzugt haben – man solle doch Rücksicht auf sie nehmen. Meine Mutter lag ständig im Bett vor dem Fernseher, wenn sie nicht gerade den nächsten Supermarkt leer gekauft hat.

Vernachlässigung
Je nach Größe der Familie ... Besonders im Heim, da sich um die noch ‚schwerer' Erziehbaren gekümmert werden musste.

Auseinandersetzungen (in mir, in der Familie, mit anderen)
Wenn ich jetzt Soldaten, Mitmenschen etc. habe, die soziale Probleme, eine Behinderung oder Ähnliches haben, stehe ich auf ihrer Seite, ergreife ihre Partei, setze mich für sie ein.

Welche Unterstützung bekam ich durch eine Begleitung?
Die Seminare im NSH (Heimvolkshochschule), wo ich später keine Lust mehr zu hatte, weil ich persönliche Probleme hatte und mich erst mal mit mir auseinandersetzen musste. Kurz darauf kam ich ins Heim.
Jetzt merke ich erst, in den letzten 5 Jahren, wie viel es gebracht hat. Ich sehe jeden, egal ob behindert oder nicht, zuerst als Mensch.
Ich habe nicht so viele Vorurteile wie die meisten.
Besonders geholfen haben auch die zwei Jahre Religionsunterricht in der BBS Stade. Es waren ständig irgendwelche Ethikthemen dran, die diskutiert wurden.

Was war so schwierig, dass ich dachte, es nicht schaffen, leisten zu können?
Meine Aggressionen, die ich nicht unter Kontrolle hatte. In der Gesellschaft gibt es nicht sehr viel Unterstützung und Mitleid ist der falsche Weg.

Welche Werte sind mir vermittelt worden?
Jeder ist ein Mensch, egal wie er aussieht, wie er sich benimmt und was er für Behinderungen oder Probleme hat. Es stimmt zwar gewissermaßen, dass jeder für sich selbst ver-

antwortlich ist, aber keiner kann etwas dafür, wo und wie er aufwächst. Es gibt halt die drei wichtigen Faktoren: Umwelt, Familie, Schule/Beruf.
Wenn zum Beispiel jemand aus welchen Gründen auch immer geistig oder körperlich behindert ist, benötigt er Unterstützung. Es sollte eigentlich für jeden Menschen eine Grundpflicht sein, den Schwächeren zu helfen, denn so etwas kann jedem passieren.
Im Heim bin ich mit Menschen aufgewachsen, die zum Beispiel durch ein Ereignis in der Kindheit geistig behindert wurden. Sie mussten mit ansehen, wie der Vater die Mutter umgebracht und in Stücke zerlegt hat, um sie in die Gefriertruhe zu packen.
Ich freue mich, wenn ich zum Beispiel Behinderte im Bus, in der Straßenbahn oder einer öffentlichen Einrichtung sehe oder treffe, da ich ihnen eventuell behilflich sein kann, da es oft genug vorkommt, dass irgendwelche Jugendliche sich einen Spaß daraus machen, Behinderte zu ärgern.
Mit das Schlimmste, das ich erlebt habe ist, dass jemand ernsthaft meinte, Behinderte hätten keine Seele. Für solche Diskussionen fehlt mir das Verständnis, weil ich mir nicht erklären kann, wie man auf so einen Unsinn kommen kann.

Angaben zur Person:
Philip, 22 Jahre, Familie mit 8 Personen, behinderter Bruder Pascal ist 2004 verstorben, Heim im Schnitt 15 bis 20 Kinder, ältester Bruder, Schulbesuch von Hauptschule bis Fachabitur, Berufswahl: Softwareentwickler.

Philip, 22 Jahre

Ein Brief an mich

Hallo Du!

Nun schreibst du seit langer Zeit mal wieder einen Brief an dich selbst. Eine Methode, die du vor langer Zeit auf den Geschwisterseminaren von Marlies und Charlotte kennen gelernt hast.

Du ertappst dich dabei, wie du alte Tagungsmappen aus dem Regal holst und die Briefe suchst, die du damals auf den Tagungen an dich geschrieben hast, und findest sie tatsächlich wieder, ganz unten in einer Kiste.

Über die Situation, als deine Schwester sich selbst die Haare geschnitten hat, hast du geschrieben, und ihre ständigen Lungenentzündungen. Auch von den Streitereien, wenn sie mal wieder dein Zimmer verwüstet hat, hast du berichtet, genauso wie vom gemeinsamen Spielen.
Ja, die Erinnerungen kommen wieder und es ist spannend, dich beim Lesen der Briefe zu beobachten, völlig vertieft in der Erinnerung und ab und an huscht ein Schmunzeln über dein Gesicht ...

Damals auf den Tagungen, als du an den sogenannten Wüstentagen in Raum 8 saßest und die Briefe schriebst. Auf den Seminaren mit den anderen Geschwisterkindern konntest du dich über deine besondere Lebenssituation unterhalten und austauschen. Es war ein Verständnis vorhanden, bei dem du nicht erklären musstest, wie man sich fühlt, wenn man mit seinem Geschwisterkind Straßenbahn fährt und von den Mitfahrern die ganze Zeit angeschaut wird. In der Geschwister-

gruppe merktest du, dass du mit deinen Erlebnissen und Erfahrungen nicht alleine warst, sondern dass es den anderen ähnlich ging.
Natürlich wurde nicht nur inhaltlich gearbeitet. Das Gruppenleben wurde genauso vom Süßigkeitenladen, den Festen im Heuerhaus, dem Morgensingen und Planspielen sowie diversen Bastelaktionen und Pausen geprägt ...

Jetzt ist es bald 14 Jahre her, seitdem du mit 12 Jahren dein erstes Geschwisterseminar besuchtest. Deine Schwester feierte gerade ihren 24. Geburtstag und ist nicht mal mehr annährend die kleine Schwester, die ständig Blödsinn machte. Sie ist eine Frau, die ihr eigenes Leben in einem Wohnheim lebt, wo sie die Hilfestellungen bekommt, die sie benötigt.
Es macht dich glücklich zu wissen, dass sie einen Freund hat und sich in ihrem Wohnheim zu Hause fühlt.

Aber es gibt auch Auseinandersetzungen, die dir nicht leicht fallen. Du warst immer die große Schwester mit einer Vorbildfunktion. Du erinnerst dich noch genau, wie deine Schwester auch einen Abiball wollte, mit einem schönen Kleid und einem riesigen Büfett. Ein Wunsch, der mit einem Abschlussball der Schulabgängerinnen und Schulabgänger ihrer Schule erfüllt werden konnte. Auch das Ausziehen von zu Hause konnte sie dir nachmachen. Aber jetzt, wo es darum geht, dass sie heiraten möchte, kommt sie an Grenzen, die schwerer zu überwinden sind, und bei denen auch du nicht helfen kannst. Ob es mit einer Hochzeit klappt, muss noch geklärt werden, aber der Moment, an dem du vielleicht einmal Kinder bekommen wirst und deine Schwester keine Kinder bekommen kann, stellst du dir schwierig vor.

Der Moment ist noch nicht gekommen, und da du oft genug erlebt hast, dass man sich im Voraus viele Gedanken machen kann und es letztendlich ganz anders als geplant kommt, wirst du auch auf den Moment warten, wo diese Auseinandersetzung geführt werden wird.

Es ist sehr angenehm für dich, dass deine Schwester ihr eigenes Leben führen kann, versorgt ist und vermittelt, dass es ihr gut damit geht. Natürlich bist du durch die räumliche Distanz deines Studienortes zum Heimatort auch nicht in unmittelbarer Nähe zu deiner Familie und deiner Schwester. Wenn du jetzt darüber nachdenkst, ermöglicht dir dieser Abstand, deinen eigenen Weg zu gehen, ohne in Versuchung gebracht zu werden, deine Schwester mehr zu unterstützen, als sie es vielleicht benötigt, oder dich verpflichtet zu fühlen zu helfen.

Selbstverständlich genießt du es, nach Hause zu fahren und am Wochenende etwas mit deiner Familie zu machen oder sie an besonderen Terminen zu unterstützen. Du hast immer deinen Freiraum, wenn du wieder zurückfährst und dich um dein Studium kümmerst.

Aber auch das wird sich jetzt ändern. Es steht die Herausforderung an, für 18 Monate mit der Situation zu leben, dass deine Mutter sich mit ihrem Lebensgefährten einen Lebenstraum erfüllt und eine Weltreise macht. Eine Zeit, in der du und deine Schwester ganz anders in Kontakt stehen werdet. Du wirst wieder an deinen Heimatort zurückgehen, um die Aufgaben zu übernehmen, die deine Mutter mit Arztbesuchen und den Zu-Hause-Wochenenden deiner Schwester zurzeit noch erfüllt.

Nach einer Zeit, in der du deine Schwester eher weniger, vielleicht alle zwei bis drei Wochen einmal gesehen hast und der Kontakt primär über das Telefon bestand, bist du gespannt, wie das wohl funktionieren wird, und freust dich schon darauf, wieder mehr mit deiner Schwester machen zu können.

Natürlich kam von einer Freundin die vorsichtige Nachfrage, ob sich nicht jemand anderes um deine Schwester kümmern könnte. Du müsstest doch nicht deine Mutter ersetzen, hättest auch keine Verpflichtungen deiner Schwester gegenüber und ein Anrecht auf dein eigenes Leben.

Berechtigte Einwände wie du findest. Aber du hast für dich entscheiden können, nach fünf Jahren Studium, der damit verbundenen räumlichen Distanz und mit der Aussicht eines überschaubaren Zeitraums, die Betreuung deiner Schwester, soweit sie noch nötig ist, zusammen mit einer weiteren Betreuerin zu übernehmen. Das Angebot deiner Mutter, die Betreuung zu teilen, hast du dankend angenommen, da du selbst nicht weißt, inwieweit du in deiner Ausbildung zeitlich eingespannt sein wirst.

Es ist nicht nur der Wunsch, deinen Eltern ihren Traum zu ermöglichen, sondern auch die Nähe zu deiner Schwester zu haben, denn es wäre falsch zu denken, nur du würdest ihr Halt geben.

Da dein Studium bis auf die Prüfungen beendet und mit dem Referendariat ein Ortswechsel verbunden ist, fällt es dir nicht schwer, zu diesem Zeitpunkt diese Aufgabe zu übernehmen.

Apropos Studium, selbst bei deinem Studium hast du dir einen Bereich ausgewählt, der eng mit deiner Lebensgeschichte verknüpft ist. Ob du Förderschullehrerin werden würdest, wenn du keine Schwester mit Down-Syndrom gehabt hättest? Diese Frage kannst du nicht beantworten, du weißt nur, dass du im Studium von deinen praktischen Erfahrungen profitierst und dich in deinen Schulpraktika im Umgang mit den Schülerinnen und Schülern sehr sicher gefühlt hast.
Manchmal denkst du, es wäre gut, mal etwas ganz anderes zu machen, weg von der Sonderpädagogik und ihren Fragestellungen, Ansprüchen und Ansichten.
Zum Glück bot dir das Studium deiner Unterrichtsfächer Musik, Sachunterricht und Darstellendes Spiel die Möglichkeit, die Fachthemen relativ losgelöst von deinem Sonderpädagogikstudium zu studieren und auch Projekte in Grundschulen und Gymnasien mitzugestalten. Du hast diese als sehr angenehm empfunden, merktest aber auch, dass es spannend ist, die dort gesammelten Erfahrungen zurück in die Förderschule zu tragen und dort mit einzelnen Modifikationen auch umsetzen zu können.

Du kannst es nicht genau benennen, aber du merkst, dass du durch deine Schwester Kompetenzen im Umgang mit Beeinträchtigungen und Behinderungen hast, die dir bei deinem Studium weiterhalfen und in konkreten Situationen das Handeln vereinfachen. Du hast das Bedürfnis und das Gefühl, sie auch anwenden zu wollen und zu nutzen, merkst aber auch, dass es wichtig ist, zwischendurch Abstand zu bekommen und Dinge zu tun, die nichts mit Sonderpädagogik zu tun haben. Das gelingt dir nicht immer, aber zum Glück hast du Personen in deinem Umfeld, die dich daran erinnern.

Du befindest dich ständig in einem Spannungsfeld zwischen Beruf und Privatleben und musst schauen, dass du die Welten voneinander unterscheiden kannst. Dass die beiden Bereiche nicht zu trennen sind, kannst und willst du gar nicht ändern. Du hoffst aber, für dich das Maß an Reflexion beizubehalten, sodass deine Schwester nicht sonderpädagogisch von dir betreut wird oder du private, unbewusste Auseinandersetzungen in der Arbeit zu klären versuchst.

Ich glaube, es ist gut, dass du auf den Seminaren die Möglichkeit hattest, dich mit deiner Lebenssituation auseinanderzusetzen und gelernt hast, den Freiraum und die Zuwendung einzufordern, die du benötigst. Auch die Bedeutung, die eine Geschwisterbeziehung hat, hast du sowohl aus eigener Erfahrung als auch in Seminaren deines Studiums kennen gelernt, sodass du dich jetzt mit neuen Themenbereichen beschäftigen kannst.

Auseinandersetzungen hören nie auf, aber immerhin hast du gelernt, dass es sie gibt und sie geführt werden müssen, auch wenn es nicht immer leicht fällt. Außerdem kann man nie richtig voraussagen, was morgen passiert. Lass dich überraschen. Dein Ich.

Anika, 25 Jahre

P.S.:

Bei deinen verschiedenen Gedankengängen hast du ganz vergessen darüber zu schreiben, dass du inzwischen selbst in der Mitarbeit auf Tagungen tätig bist. Es ist ein angenehmes Gefühl für dich, Geschwisterkinder begleiten zu können. Du weißt, wie es sich anfühlt, Begleitung zu bekommen, und was diese für ein Geschwisterkind bedeuten kann. Gerade die Arbeit in einem Team mit Mitarbeiterinnen und Mitarbeitern im Rahmen von Bildungsarbeit, die nichts mit dem Ort Schule und deinem Berufswunsch zu tun haben, erlebst du als Horizonterweiterung.

Es ist in der Seminararbeit spannend für dich, die Geschwisterkindperspektive zu haben. In einzelnen Situationen glaubst du nachvollziehen zu können, wie sich die Teilnehmerinnen und Teilnehmer auf den Seminaren fühlen und welche Bedeutungen die einzelnen Elemente eines Seminars für die Geschwisterkinder haben. Ein Perspektivwechsel, der nicht allen im Mitarbeiterteam möglich ist. Zum Glück gibt es während der Arbeit Phasen, in denen sich die einzelnen Mitarbeiterinnen und Mitarbeiter ihre verschiedenen Perspektiven mitteilen können und dadurch ein Austausch stattfindet. Du genießt es, die anderen Perspektiven zu hören und manchmal zu überlegen, was die Arbeit für eine Bedeutung für dich hätte, wäre deine Schwester ohne Down-Syndrom geboren worden. Aber du kommst immer wieder zu dem Schluss, dass es gut ist, so wie es ist. Du möchtest kein anderes Leben haben. Auch wenn es manchmal anstrengend ist, erlebst du ständig Momente, die du nicht vermissen möchtest. Sehe ich da etwa schon wieder ein Schmunzeln in deinem Gesicht?

Stolz auf meine Schwester

Meine Geschichte ist, wie ich finde, eigentlich nichts Außergewöhnliches, auch wenn andere das vielleicht anders sehen. Ich bin jetzt 25 Jahre alt und die Älteste (die Größte seit ein paar Jahren nicht mehr) von 4 Geschwistern. Ich habe einen Bruder und zwei Schwestern. Unsere Jüngste ist 16 Jahre alt und hat das Down-Syndrom.
Unsere Familiengröße? Eigentlich Mama und Papa und wir vier Kinder, Oma wohnt zu Hause, meine Schwester hat einen Freund und ich bin mittlerweile verheiratet. Also sind wir (plus Zugelaufene) momentan neun – wohnen aber nicht mehr alle zu Hause. Da wohnen zurzeit noch meine Eltern, meine Oma, mein Bruder und Hanna.
Ich habe vor fünf Jahren Abitur gemacht und nach einem FSJ im Sprachheilkindergarten eine Ausbildung zur Atem-, Sprech- und Stimmlehrerin. Ich mache also Sprachtherapie. Typisch?
Ich empfand unsere Familie nie – oder selten – als außergewöhnlich, oder zumindest nicht bewusst als belastend. Viele denken dann oft: „Vier Kinder, so viele" – aber unsere Nachbarn waren auch zu viert, und auf dem Dorf ist das nicht so etwas Besonderes. Dann noch: „Was, deine Schwester ist behindert?" – Ja und? Meine Tante auch, ich bin damit aufgewachsen, was soll daran so besonders sein? Und wenn schon, oft war ich stolz darauf, dass wir anders waren. Ich habe in der Schule ein Referat über Integrationsklassen gehalten, weil das zu dieser Zeit gerade zu Hause Thema war. Ich habe es, als ich dann 18 war und meinen Führerschein hatte, genossen, mit Hanna in die Stadt zu fahren und den Rollstuhl aus dem Auto zu holen, als sie sich ein Bein gebrochen hatte und mit den Krücken nicht klarkam, und hab mich still über die

Blicke der anderen amüsiert. Ich war immer stolz auf meine Schwester – und bin es immer noch.
Na gut, auch die stolzeste große Schwester ist irgendwann genervt, wenn die Kleine ihren Dickkopf durchsetzen will und für kein Argument mehr zugänglich ist – aber wer war das schon, als er oder sie 16 war?
Ich finde gerade das Alter von Hanna gar nicht so einfach. Ich fand die Pubertät schon sch..., aber wie ist das für Hanna, die einerseits, von den Hormonen und allem, was dazu gehört, schon 16 ist, aber vom Kopf her noch lange nicht? Die sich – genau wie jedes andere Mädchen in diesem Alter – einen Freund, eine Hochzeit, eine Familie wünscht? Wie gehe ich damit um?
Ich merke das gerade in meinem Beruf (ich mache Sprachtherapie). Ich habe eine Patientin mit DS genau in Hannas Alter, die mir mit Begeisterung von ihrem Freund erzählt, dass sie sich geküsst haben und dass sie ihre Tage hat und schreit, wenn sie ein Kind bekommt. Alles in einem Satz. Und ich sitze da und bin sprachlos. Dann fällt mir ein, dass ich früher oft bei meiner Tante (auch DS) übernachtet habe, und sie mir immer dann, wenn ich endlich schlafen wollte, von ihrem Freund, dem Zivi, erzählte und dass sie ihn geküsst hat ... Das hat mich doch mit sechs oder sieben Jahren überhaupt nicht interessiert! Ich war nur genervt und sie beleidigt, weil ich nicht zugehört habe.
Offensichtlich ist das ein großes Thema.
Finde ich alles gerade total spannend, weil ich merke, dass mein Blick als Therapeutin definitiv anders ist als der als Schwester – was auch beruhigend ist. In diesem Bereich, aber auch was Sprache angeht. Als Therapeutin sehe ich manches gelassener. Und manches enger.

Und oft habe ich auch das Gefühl, ich hätte, als ich ausgezogen bin, meine Geschwister, und besonders meine mittlere Schwester, allein gelassen. Sie wohnt zwar auch nicht mehr zu Hause, kommt aber jedes Wochenende nach Hause und nimmt Hanna mit zum Fußballspiel ihres Freundes oder bringt sie zum Schwimmen und holt sie ab. Oder nimmt sie mit zum Besuch oder ... Und ich halte mich da doch ziemlich raus, mein Mann spielt keinen Fußball und wir fahren auch nicht jedes Wochenende nach Hause zu unseren Eltern. Worum ich eigentlich auch froh bin. Aber ein komisches Gefühl bleibt.
Vor allem, weil in unserer Familie die Sache mit dem Down-Syndrom erblich ist. Ich hab mich mit 16 testen lassen, ob ich auch mit einer bestimmten Wahrscheinlichkeit ein Kind mit DS bekommen kann – und hab die Anlage nicht, dabei hatte ich fast gehofft, dass ich es hätte. Ich hab gedacht, ich als große Schwester müsste diejenige von uns sein und müsste und könnte das meinen jüngeren Geschwistern abnehmen ... Fand ich irgendwie total logisch.
Die Reaktionen der anderen bei einem Geschwisterseminar für erwachsene Geschwister haben mir gezeigt, dass das ziemlich bekloppt sein muss ...
Und auch meiner Mama gegenüber hab ich oft ein schlechtes Gewissen. Ich habe immer groß geredet, dass Hanna doch toll ist und Down-Syndrom ‚ne tolle Behinderung' – wenn man das so sagen kann, ich trau mich das hier einfach mal – aber es ist nun einmal so, dass Hanna länger als wir anderen zu Hause wohnen wird und immer mehr Aufmerksamkeit braucht, es immer wieder wichtige Dinge zu entscheiden gibt und Mama einfach definitiv in ihrer Freizeitgestaltung eingeschränkt ist. Und jetzt bin ich halt nicht mehr da und halt mich viel raus. – Oder nehme ich mich jetzt zu wichtig?

Tja, das bin ich. Manchmal mache ich mir sehr viele Gedanken, manchmal sind andere Sachen einfach wichtiger, manchmal finde ich uns total normal, manchmal nicht – aber wem geht das nicht so?

Elisa, 25 Jahre

Behinderung und türkische Kultur

Ein Beitrag als ältere Schwester eines geistig behinderten Jungen

1. Behinderung und türkische Kultur

In der türkisch/muslimischen Bevölkerung gibt es verschiedene Begriffe, die man als Behinderung verstehen und nutzen kann.
Der Begriff *sakat* heißt übersetzt Krüppel und wird als sehr abwertend empfunden.
Das Wort *özürlü* bedeutet übersetzt fehlerhaft und wird ebenfalls als abwertend empfunden.
Der Begriff *engelli* heißt übersetzt behindert/beeinträchtigt und wird eher von den betroffenen Familien genutzt und gehört.
Jedoch wird der Begriff Behinderung weniger akzeptiert, stattdessen akzeptieren die betroffenen Familien den Begriff Entwicklungsverzögerung.
Die Familien stehen den Fachleuten gegenüber offener da, wenn der Begriff Entwicklungsverzögerung benutzt wird. Sie nehmen dann Förderung und Therapie eher an.
Das Wort *sakat* wird eher von traditionellen Familien und von Familien aus ländlichen Gebieten der Türkei benutzt und wird von betroffenen Familien eher als Schimpfwort empfunden.

2. Schwierigkeiten und Probleme türkischer Familien mit behinderten Kindern bzw. Angehörigen

Viele Familien nehmen die Behinderung der Kinder als eine Krankheit an, die geheilt werden kann. Sie stehen den Ärzten skeptisch gegenüber, wenn sie die Kinder nicht heilen können.

Oder die Behinderung der Kinder wird verleugnet und sie werden von der Gesellschaft isoliert.
Die Behinderung des Kindes wird häufig für einen Schicksalsschlag von Familien hingenommen, der von Allah (Gott) gewollt ist.
Viele Familien verfügen über sehr wenige Kenntnisse der deutschen Sprache. Vor allem Mütter, die mit der Erziehung der Kinder und hauswirtschaftlichen Tätigkeiten beschäftigt sind, sprechen kaum deutsch.
Die Sprachprobleme werden deutlicher, wenn Informationen in schriftlicher Form, wie zum Beispiel Angebote der Behinderteneinrichtungen bzw. Rechtsansprüche der behinderten Menschen, nicht umfassend genug in der Muttersprache zur Verfügung stehen. Es gibt Familienangehörige, die zum Übersetzen herangezogen werden, wobei leider nie richtig klar wird, was die betroffenen Eltern bzw. Angehörigen verstanden haben. Es kann vieles wortwörtlich übersetzt werden, aber es ist schwer zu kontrollieren, was und wie die Inhalte bei den Eltern bzw. Angehörigen aufgenommen oder verstanden werden.
Auch viele türkisch-muslimische Familien, die die deutsche Sprache mehr oder weniger verstehen und sprechen, haben Schwierigkeiten, sich präzise auszudrücken, ohne den Gesprächspartner zu verletzen oder gar zu beleidigen.
Gerade Familien, die überwiegend aus ländlichen Gebieten der Türkei kommen, zudem noch belastet und eingeschränkt sind durch die Folgen einer Behinderung, sind damit größeren Schwierigkeiten ausgesetzt.
Andersrum ist es auch eine große Herausforderung für die nicht türkischsprachigen Fachleute, die Inhalte der Arbeit vor Ort zu vermitteln.

Extrem religiöse Familien nehmen die Behinderung der Kinder als Schicksalsschlag von Allah (Gott) hin. Behinderungen werden entweder nicht gesehen, verleugnet oder als eine Krankheit gesehen, die kein lebenslang andauernder Zustand und heilbar ist.
Viele sehen die Behinderung als Strafe Gottes für eigene Fehler, suchen nach Schuld in der eigenen Person oder im Leben von Familienangehörigen und finden das auch vermeintlich. Einige Familien schämen sich dafür, dass sie ein behindertes Kind haben und leben ziemlich isoliert. Sie lassen sich mit ihren behinderten Kindern nicht sehen, weil sie davon ausgehen, dass die Gesellschaft, vor allem die türkische Gesellschaft, daran glaubt, sie seien schlechte Menschen und Allah (Gott) hätte sie mit der Behinderung der Kinder bestraft. Viele Familien sind so frustriert, dass sie zu Hodschas (Wunderheiler) gehen. Bekannte und Verwandte sind davon überzeugt, dass die Hodschas die Kinder heilen könnten. Aus diesem Grund erhoffen sich die Eltern Hilfe für die behinderten Kinder. Einen Hodscha aufzusuchen, kostet Kraft und viel Geld und die Enttäuschung ist zumeist sehr groß.
Da der Frau im Islam die Aufgabe der Kindererziehung zugeteilt ist, sind vor allem die Mütter überfordert. Die Mütter stehen unter dem Druck, unter allen Umständen leistungsfähig zu bleiben. Türkisch/muslimische Mütter haben den Anspruch, zu 100 % für ihre behinderten Kinder da zu sein und parallel ihrer Rolle als Ehefrau, Mutter und Angehörige des Familienverbandes gerecht zu werden. Tun sie es nicht, stehen sie als eine schlechte Mutter da, die ihren Aufgaben nicht nachkommt.
In der türkischen Kultur haben alle Familienangehörigen wie Geschwister, Schwiegereltern, Onkel, Tanten etc. einen starken Einfluss im täglichen Leben. Auch Familienangehörige,

die in der Türkei leben, nehmen Einfluss auf das Zusammenleben einer Familie in Deutschland.
In dem türkischen Familiensystem ist es selbstverständlich, dass die lebenslange Sorge für die behinderten Angehörigen im Familienverband übernommen wird. Die einzelnen Familienmitglieder zeigen eine gute Zusammenarbeit und leisten gegenseitige Hilfestellung. Dies ermöglicht dem Individuum ein Gefühl der sozialen Sicherheit. Sie fühlen sich sicher und stark, solange sie die Probleme innerhalb der Familie lösen können und nicht nach außen hin zeigen.
Nach türkischer Tradition geht das Kind aus dem Elternhaus, wenn es geheiratet hat. Ein behindertes Kind bleibt bis zum Tod in der Familie.
Dieser Gedanke verhindert dann meist ein rechtzeitiges Einsetzen ambulanter oder stationärer Hilfe. Die Mutter wird besonders unter Druck gesetzt, unter allen Umständen leistungsfähig zu bleiben. Aus diesem Grund kann sie auch selber nicht loslassen.
In Deutschland geht der großfamiliäre Zusammenhang von Tag zu Tag mehr verloren. Hieraus entsteht eine große Hilflosigkeit, Orientierungslosigkeit und Vereinsamung der Familien mit behinderten Kindern.

3. Eigene Erfahrung

Ich bin Schwester eines 18-jährigen Jugendlichen türkischer Herkunft und zugleich Diplomsozialpädagogin. Ich bin die Hauptbezugsperson meines Bruders.
Da die türkischen Mädchen anders erzogen werden als deutsche, habe ich von Anfang an die Mutterrolle für meinen Bruder übernommen.

In der türkischen Kultur werden Mädchen von klein auf Rollen zugeteilt wie die Rolle der Hausfrau, der Mutter etc.
Ein türkisches Mädchen lernt von klein auf, Aufgaben der Mutter zu übernehmen, da sie hauptsächlich mit der Mutter zusammen ist und ihre Aufgaben abguckt. Sie hilft beim Putzen, Kochen etc.
Eine Schwester passt auf die kleinen Geschwister auf und übernimmt in der Zeit der Abwesenheit der Mutter die Mutterrolle.
So ähnlich war das auch bei mir. Es kam allerdings noch dazu, dass ich fast die Einzige zu Hause war, die gut Deutsch sprach, so musste ich in jeder Angelegenheit auch übersetzen.
Ich kann mich noch sehr gut an die Zeit erinnern, als mein Bruder Osman auf die Welt kam. Die Schwangerschaft meiner Mutter verlief schlecht. Sie war mehr im Krankenhaus als zu Hause. Wie meine Eltern später erzählten, wurde ihnen irgendwann mitgeteilt, dass mein Bruder Osman behindert auf die Welt kommen würde. Das haben uns meine Eltern vor der Geburt nicht gesagt. Mein Vater überließ die Endscheidung meiner Mutter. Meine Mutter wollte keinesfalls abtreiben lassen und entschied sich für Osman, worüber wir heute alle sehr glücklich sind.
Ich wollte unbedingt eine Schwester haben, da ich das einzige Mädchen war/bin.
Dann war es endlich so weit und meine Mutter war im Kreißsaal, meine Brüder und ich mussten nach Hause, durften nicht im Krankenhaus bleiben. Zu Hause haben wir auf den Anruf von unserem Vater gewartet. Als das Telefon klingelte, ging ich schnell ran und fragte sofort, ob es ein Mädchen sei. Mein Vater sagte nichts dazu und teilte nur mit, dass es ein wunderschönes Baby sei. Wir gingen sofort ins Krankenhaus und

durften unseren Bruder Osman vom Fenster aus angucken. Ich kann mich noch sehr gut erinnern, wie sein Puls geschlagen hat. Er war tatsächlich ein wunderschönes Baby, war aber irgendwie anders. Sein Kopf war zu groß für ein Baby. Mir war klar, dass etwas Komisches an der Sache war. Wenige Tage später wurde er in einer Kinderklinik untergebracht. Meine Mutter ist immer zum Stillen hingefahren, wir durften mit, aber nur aus dem Fenster zugucken.

So fingen die unzähligen Krankenhausaufenthalte an. Mein Bruder ist jetzt 18, wir waren bestimmt von diesen Jahren mindestens drei bis vier im Krankenhaus.

Es gab Zeiten, in denen ich bei meinem Bruder im Krankenhaus übernachtet habe. Ich kann mich nicht daran erinnern, dass meine Mutter es wollte. Ich hingegen wollte es – glaube ich – selber.

Als Osman dann etwa vier, fünf Jahre alt war, wurde er ziemlich aggressiv und laut. Dadurch, dass er nicht sprechen konnte, haben wir ihn nicht immer gut verstanden. Merkte er das, zog er uns an den Haaren, biss uns etc. Uns wurde immer erklärt, dass er nichts für seine Art könnte, dass er das nicht mit Absicht machen würde. Es war uns schon klar, dass er das nicht mit Absicht machte, aber es hat doch nichts an seinem Verhalten geändert.

Am schlimmsten fand ich es, wenn ich für die Schule lernen wollte und es nicht wirklich tun konnte, da Osman meistens so laut war, dass ich nichts von dem, was ich lernen wollte, verstanden habe. Noch schlimmer fand ich, wenn ich meine Freunde eingeladen hatte, dass Osman uns nicht in Ruhe ließ. Ich habe mich aber nie für Osman geschämt. Ich habe immer gedacht, wer mich gern hat, muss auch meinen Bruder so akzeptieren, wie er ist.

Später habe ich ihn sogar zu meinen Freunden mitgenommen oder er ist mitgekommen, wenn wir ins Café gehen wollten. Meine Freunde haben Osman so gern gehabt, dass sie immer ausdrücklich gesagt haben, dass ich Osman mitnehmen soll. Heute wundern sich meine Freunde, wie sich Osman entwickelt hat und wie hübsch er geworden ist. Alle meine Freunde kennen Osman von klein an und haben seine Entwicklung und unsere Mühe mitgekriegt.

Im November 1997 ist unser Vater im Urlaub in der Türkei gestorben. Er war alleine verreist und wir waren hier in Deutschland. Drei Tage vor seiner Heimreise haben wir durch einen Anruf mitbekommen, dass er verstorben sei. Nach diesem Ereignis hat sich alles für mich geändert.

Ich wurde, obwohl ich ja das Mädchen zu Hause bin und sogar noch einen älteren Bruder habe, Oberhaupt der Familie. Das ist eigentlich nicht üblich für eine türkische Familie. Aber wenn ich zurückdenke, wurde ich ja auch nicht unbedingt wie ein türkisches Mädchen erzogen.

Ich durfte immer mehr machen als meine Cousinen, ich durfte sogar mit Jungen spielen. Und das Verhältnis zu meinem Vater war super, wir waren wie Freunde, ich konnte ihm immer alles erzählen.

Vielleicht habe ich auch gerade aus diesem Grund gedacht, dass ich das Oberhaupt der Familie sein muss, ich habe das einfach als meine Aufgabe angesehen. Ich wusste, dass mein Vater sich freuen und stolz auf mich sein würde. Ich habe am Grab meines Vaters mir und ihm versprochen, dass ich alles dafür tun werde, dass es meiner Familie gut geht und vor allem meinem Bruder Osman. Ich habe ihm versprochen, dass ich für meinen Bruder immer da sein werde.

Tatsächlich ist es so. Ich bin für meinen Bruder immer da und er auch für mich.

Wenn ich zurückdenke, war ich nie auf meinen Bruder eifersüchtig. Es war mir immer klar, dass er ein Leben lang Unterstützung brauchen würde und dass es meine Aufgabe wäre und ist, ihm diese zu geben.

Es gibt natürlich manchmal sehr schwierige Momente mit Osman. Je älter er wird, desto mehr hat er natürlich andere Bedürfnisse und Wünsche.

Manchmal überlege ich mir, wie das denn wohl wäre, wenn wir Osman nicht hätten. Es wäre bestimmt völlig anders. Manchmal denke ich sogar, dass Osman die Familie zusammenhält. Denn nach meiner Erfahrung gehen die Familien immer mehr auseinander. Bei uns ist das aber ganz anders, wir kommen immer näher zusammen. Das finde ich sehr schön und ich fühle mich geborgen. Wenn Osman manchmal mit der Klasse ins Schullandheim fährt oder mit der Lebenshilfe wegfährt, merke ich, wie ruhig es zu Hause ist. Osman ist nämlich die Stimmungskanone bei uns zu Hause und bringt uns immer zum Lachen. In der Zeit, in der er nicht da ist, sind wir alle total ruhig und es ist so richtig langweilig.

Einige unserer Bekannten kommen extra wegen Osman, und wenn er nicht da ist, sagen sie sogar, dass es zu Hause total ruhig ist und dass Osman ihnen fehlt. Ich finde es super, dass mein Bruder gut von anderen Menschen aufgenommen und akzeptiert wird und empfinde ihn und diesen Situationen als eine Bereicherung.

Innerhalb der Familie fühle ich mich allein von ihm verstanden. Wenn es mir nicht gut geht, ist er der Erste, dem es auffällt und der mich dann fragt, was ich denn wohl hätte, wer mich traurig gemacht hätte und dass er mit der Person schimpfen würde und mich immer beschützen würde. Er gibt mir einen großen Rückhalt und stärkt mich total. Denn ich bekomme auf

jeden Fall etwas von ihm zurück. Das Wichtigste ist die Anerkennung, die ich von ihm bekomme.
Wenn ich zum Beispiel von der Arbeit nach Hause komme, steht er schon vor mir und umarmt mich sofort. Er ist der Einzige, der mich fragt, wie denn meine Arbeit war und wie es mir geht und dann erzählt er von der Schule, was er dort gemacht hat und so weiter.
Wir sind öfter alleine zusammen, denn wir schicken unsere Mutter einmal im Jahr alleine in den Urlaub, damit sie sich etwas erholen kann. Osman ist sehr respektvoll gegenüber mir und nimmt mir dann auch sehr viel Arbeit ab, was er bei meiner Mutter nicht unbedingt macht.
Ich bewundere ihn jedes Mal, was er alles kann und dass er mich in jeder Situation versteht, auch beruhigen kann und mir immer dieses Gefühl der Sicherheit gibt.
Ich hatte immer sehr große Angst, dass er sehr abhängig von mir ist und habe mir Vorwürfe gemacht, dass ich dafür verantwortlich bin. In diesem Jahr ist mir aufgefallen, dass ich eigentlich von ihm abhängig bin und mich sehr an ihn klammere.
Ich habe die Erfahrung gemacht, dass ich lernen muss loszulassen und so langsam mein Leben leben muss. Denn meine Entscheidungen waren bis jetzt alle von Osmans Befinden abhängig.
Manchmal fühle ich mich ziemlich überfordert mit der familiären Situation und würde meine Verantwortung gerne abgeben. Ich ärgere mich immer über meine beiden anderen Brüder und denke, dass sie mir die Last etwas abnehmen sollten. Wenn es aber darauf ankommt, habe ich Schwierigkeiten und kann keine Verantwortung abgeben. Ich versuche mir vorzustellen, ob ich denn ich wäre, wenn ich Osman nicht hätte. Und dann fällt mir auf, dass ich eigentlich mit meiner Situation zufrieden

bin, denn ich merke immer wieder, dass mein Bruder eine große Bereicherung für mich ist.
Ich habe mein Leben nach ihm ausgerichtet. Eigentlich wollte ich außerhalb Bremens studieren, ich habe es aber nicht mit meinem Gewissen hinbekommen wegzugehen. Ich hatte das Gefühl, dass ich ihn alleine lassen würde. Vor allem war das nach der Zeit, als mein Vater verstorben ist.
Ich habe mich dafür entschieden, Sozialpädagogik zu studieren. Meine Mutter hat alles versucht, dass ich es nicht mache. Sie war der Meinung, dass ich etwas anderes studieren sollte, denn ich würde ja ohnehin schon so viel Verantwortung tragen und Sozialpädagogin zu sein, würde ja noch mehr Verantwortung für mich bedeuten. Ich habe aber trotzdem Sozialpädagogik studiert und mir zudem noch die Arbeit mit behinderten Menschen ausgesucht. Ich mache meine Arbeit mit Liebe. Vor allem finde ich es sehr wichtig, als Türkin in diesem Bereich zu arbeiten. Denn ich weiß, wie schwierig es die ausländischen, vor allem die türkischen Familien mit behinderten Kindern haben, und dass sie jemanden brauchen, der ihnen Unterstützung gibt und auch dieselben Erfahrungen gemacht hat wie sie.
Da ich die Möglichkeit habe, aus zwei Blickwinkeln die Situation der Familien mit behinderten Kindern oder Angehörigen zu betrachten, als Fachkraft und als Betroffene, bin ich erfolgreich in meiner Arbeit und das motiviert mich dann auch immer mehr.

Seyda, 27 Jahre

Ich heute

Als ich das letzte Mal so einen Text begonnen habe, muss ich so etwa 11 Jahre alt gewesen sein. Damals war ich ein Kind, das Automechaniker werden, eine Werkstatt haben und ab und zu auch Bus fahren wollte. Diese Geschichte ist auf einem Geschwisterseminar – einer Tagung für Brüder und Schwestern von behinderten Kindern – entstanden. Ich war seit meinem 10. Lebensjahr als Teilnehmer mit anderen Geschwistern bei solchen und auch anderen Tagungen im Niels-Stensen-Haus bei Bremen. Ich hatte auch die Vorstellung, dass meine zu der Zeit noch sehr kleine Schwester Eva dann erwachsen sein und in einer Einrichtung mit anderen behinderten Menschen leben würde. Ich wünschte ihr, dass sie Vieles selbstständig ausprobieren dürfte.

Heute bin ich dreißig Jahre alt. Es sind viele Dinge in den letzten 20 Jahren nicht so eingetreten, wie ich sie mir damals vorgestellt habe. Ich bin zum Beispiel kein Automechaniker geworden. So ziemlich alles, was ich mir früher als Beruf vorgestellt habe, ist heute eher mein Hobby oder meine Leidenschaft.

Ich habe mich anders entwickelt ab einem Punkt in meiner frühen Jugend. Wann es genau war, weiß ich nicht mehr. Ich weiß, dass es etwas mit den Menschen zu tun hatte, die durch die Geschwistertagungen meine Freunde waren. Wir waren zum Teil über viele Jahre eine feste Clique von Kindern und Jugendlichen, die sich regelmäßig dort auch mit anderen getroffen, miteinander gearbeitet und voneinander gelernt haben. Zu einer guten Freundin von damals habe ich heute noch Kontakt. Ich meine wirklich, ich habe in besonderem Maß davon

profitiert. Mein Weg hat sich dadurch und natürlich auch durch Marlies Winkelheide und viele ihrer MitarbeiterInnnen entscheidend verändert.
Eva, meine behinderte Schwester, ist im letzten Jahr gestorben. Sie ist 20 Jahre alt geworden, dann haben sie Lebenskraft und -willen verlassen. Sie hat das erreicht, was ich ihr gewünscht habe. Sie hat das letzte Jahr ihres Lebens mit anderen Menschen gelebt und konnte auch noch an der Werkstatt teilnehmen. Sie hatte ihr dortiges, neues Zuhause gut angenommen, ihre Erzieher mochten sie und haben ihr ermöglicht, viele Dinge in ihrem Tempo selbstständig zu erledigen.

Manchmal glaube ich, ich habe viele Dinge, die mir heute selbstverständlich zu eigen sind, von ihr gelernt.
Durch ihre Langsamkeit habe ich gelernt, geduldig zu sein.
Ihre Belange hatten immer Vorrang. Ich musste warten und verzichten lernen.
Durch ihre Art sich zu verständigen, habe ich gelernt zu beobachten und zuzuhören.
Durch ihre begrenzte Auffassungsgabe habe ich Einfachheit gelernt.
Durch ihre offene Zuneigung habe ich Lieben gelernt.
Durch ihre Schmerzen habe ich Mitleiden gelernt.
Unser durchgeplantes Leben hat mir viel Struktur gegeben.
Durch die viele Aufmerksamkeit, die sie gebraucht hat, habe ich Bescheidenheit gelernt.
Durch ihre Lebenssituation habe ich Fragen gelernt.
Durch manche schwere Zeiten mit ihr habe ich beten gelernt.
So könnte ich das fortsetzen.
Ich habe mich niemals bei ihr dafür bedankt.

Ich finde es spannend, wie jemand, der viel Hilfe brauchte und abhängig war, so viel positives Mitgefühl erzeugen kann. Eva konnte das. Sie war überall beliebt.
Durch ihre ehrliche Freude am Leben hat sie viele Menschen auf ihre Seite gezogen. Auf ihrer Beerdigung war das deutlich zu sehen. Es waren überwiegend jüngere Menschen dort, die Eva gut gekannt, mit ihr gelebt und sie begleitet haben.

Ich habe einen anderen Blick für Menschen im Allgemeinen, aber auch im Besonderen für Menschen, die behindert oder auch psychisch krank, auffällig oder auch einfach nur anders sind als andere. Ich habe den Beruf des Krankenpflegers ergriffen, habe viele Weiterbildungen in der Psychiatrie absolviert, studiert und auch einige Zeit mit Sterbenden gearbeitet. Diese Arbeit hat meine Sinne für die besonderen Bedürfnisse von Menschen sehr verfeinert. Jetzt bin ich leitende Pflegekraft in einer psychiatrischen Fachabteilung, in der junge psychisch kranke und minderbegabte Menschen behandelt werden.
Für große Autos interessiere ich mich immer noch ...

Alexander, 30 Jahre

Eine Biografie

Ich sitze an meinem Laptop und überlege mir, wie ich am besten meine eigene Biografie auf acht Blatt Papier bekommen soll. Ich habe schon einige Biografien gelesen. Doch die meisten dieser schreibenden Persönlichkeiten waren älter als ich, als sie ihre Lebensgeschichte schrieben.
Auf der einen Seite habe ich Bedenken, dass ich überhaupt acht A-4 Seiten voll bekomme, andererseits habe ich das Gefühl, in meinem Leben schon so viel erlebt zu haben, dass es für ein ganzes Buch reichen müsste.
Ich mache mich also auf die Reise durch mein Leben und bin gespannt, was alles auf mich zukommen wird.
Ich drehe das Rad der Zeit ziemlich genau 30 Jahre zurück.

Ein Mittwoch kurz vor der Fasnacht.
10 Uhr 45 Minuten – Ich erblicke das Licht der Welt als erstes Kind meiner Eltern.
An meinem Geburtstag lag bereits der Duft der Fasnacht in der Luft, das lässt bereits die Frage nach meiner Fasnachtsfaszination, die mich durch mein ganzes bisheriges Leben begleitet hat, erklären. Meine Geburtstagspartys wurden immer im Zusammenhang mit der Fasnacht gefeiert. Verkleiden, Schminken und alles was dazugehört, war für mich sehr wichtig in meinen Kinderjahren.
Am tollsten fand ich es, an einem der drei schönsten Tage im Jahr Geburtstag zu haben. Vorzugsweise natürlich am traditionellen Morgenstreich.
Es ist heute noch die Zeit, in der es mich in die Fasnacht zieht. Man könnte fast sagen; ein bisschen Heimweh plagt mich an diesen drei Fasnachtstagen alljährlich.

Doch zurück. Wir wohnten in einem Dorf mit ca. 7000 Einwohnern. Man kann also schon sagen, ein eher großes Dorf. Wir bewohnten eine Drei-Zimmer-Dach-Wohnung. Klein aber gemütlich, auch wenn ich mich nicht mehr groß an Details erinnern kann.
Mein Vater arbeitete auf der Bank. Er war Ringhändler zu der Zeit, als die Börse noch nicht elektronisch arbeitete. Ich kann mich noch an die Besuche erinnern, die ich mit meiner Mutter dort ab und zu absolvierte. Ich fand die Hektik dort immer faszinierend.
Meine Mutter, eine gelernte Krankenpflegerin, arbeitete nach meiner Geburt nicht mehr in ihrem Beruf, sondern als Mutter und Hausfrau.
Genau drei Jahre später kam mein Bruder R. auf die Welt, übrigens auch ein Fasnachtsnarr.
Die Schwangerschaft verlief gut und alle freuten sich auf ihn.
Auch die Geburt verlief ohne Komplikationen. Doch schon kurz nach der Geburt stellten die Ärzte fest, dass etwas mit ihm nicht stimmen würde. Er hatte einen Herzfehler und wie sich später herausgestellte, war er geistig und körperlich behindert. Doch niemand konnte zu dieser Zeit genauere Informationen über seinen Zustand geben.
Für meine Eltern war dies ein großer Schicksalsschlag.
Ich jedoch bekam von der ganzen Problematik nicht viel mit. Ich hatte einen Bruder bekommen, mit ihm war irgendetwas Besonderes, aber an mehr kann ich mich nicht erinnern.
Auch an die Monate danach habe ich keinerlei Erinnerungen bezüglich seines Spitalaufenthalts, der Untersuchungen und was sonst noch so anstand mehr. Ich bekam lediglich mit, dass alle Aufmerksamkeit bei ihm war. Nicht, dass mich das bewusst gestörte hätte. Ich weiss aber aus Erzählungen meiner Mutter, dass ich, wenn jemand in seinen Kinderwagen

schauen wollte, zu schreien anfing, bis dass mir die Luft ausblieb. Aber wie gesagt, das sind bloß Erzählungen.
Die ersten bewussten Erinnerungen habe ich ab dem Kindergarteneintritt. Wir waren in der Zwischenzeit umgezogen in eine größere Vier-Zimmer-Wohnung. Mein Kindergarten war nur ein paar 100 Meter vom Wohnort entfernt.
Meine Kindergartengruppe bestand nur aus Jungs. Später kamen noch Zwillingsmädchen dazu. Ich war es gewohnt, nur mit Jungs zu spielen, denn auch in meiner Nachbarschaft wimmelte es von ihnen. Ich kletterte gerne auf Bäume und noch lieber spielte ich im Sandkasten.
Ich erinnere mich an eine Aktion, bei der meine zwei besten Freunde und ich den ganzen Sand aus dem Sandkasten schaufelten, weil uns bei dieser Sommerhitze ein Swimmingpool logischer erschien. Anschliessend füllten wir den doch sehr grossen Sandkasten mit Wasser. Man kann sich ja vorstellen wie freudig dies unseren Hausmeister stimmte.
Das einzig Ungünstige an den Jungenfreundschaften war, dass niemand mit mir in der Puppenecke spielen wollte, denn mit Puppen zu spielen war meine Lieblingsbeschäftigung. Auch zu Hause wurden meine zehn Puppen gehegt und gepflegt. Alle wurden täglich gefüttert, gewickelt und selbstverständlich hatten alle ihren eigenen Namen.
Im Kindergarten lernte ich meine Freundin N. kennen. Sie war ein Jahr älter als ich und darum bei der Gruppe der Älteren im Kindergarten.
N. und ich trafen im Laufe unseres bisherigen Lebens immer wieder zusammen. Obwohl ich nun schon seit zehn Jahren in Z. wohne und studiere, sie mit ihrer eigenen Familie in B. wohnt, ist sie aus meinem Leben nicht mehr wegzudenken. Es verbinden uns viele gemeinsame Erfahrungen und manch lustige Geschichte.

1983 wurde ich eingeschult. Ich wirkte sehr schüchtern auf meine Lehrer und auch auf alle Erwachsenen, die mir nicht gerade besonders nahe standen. Ich habe mich für alles geniert.
Ich brauchte meistens viel Zeit, um mich an einem Ort wohlzufühlen. Erst wenn die Umgebung und die Menschen für mich stimmten, konnte ich mich entfalten. Diese Eigenschaft erschwerte mir zum Beispiel die aktive Teilnahme am Unterricht zu Beginn sehr.
Es gab Fächer, die ich liebte, etwa Turnen und Handarbeit. Auch lesen tat ich sehr gerne. Eine meiner Lieblingsaufgaben war, neue Geschichten zu erfinden und sie aufzuschreiben. Allerdings machte ich grammatikalisch sehr viele Fehler. Nur komisch, dass dies lange niemandem aufgefallen ist. Weder meine Lehrer noch meine Eltern fanden es notwendig, dies näher abzuklären. Heute behaupte ich, dass ich an einer Form der Legasthenie gelitten habe.
Ich war von Anfang an eine minimalistische Schülerin – das wurde mir immer wieder so gesagt – immer knapp mit meinen Leistungen. In die Schule ging ich, weil dort alle hingingen. Aber richtig interessiert hat sie mich nie. Ich lebte in einer anderen Welt – einer Traumwelt.
R., mein Bruder, wurde zu dieser Zeit in einen Heilpädagogischen Tageskindergarten eingeschult. Meine Eltern versuchten, ihn in einem Kindergarten für ‚normalbegabte' Kinder zu integrieren, doch die Kindergärtnerin hatte dafür kein Verständnis. – „Sorry, das geht nicht!" Der offizielle Grund der Kindergärtnerin war ein anderer: Den anderen Kindern der Klasse könnte der Umgang mit einem ‚behinderten' Kind schaden.
R. wurde jeden Morgen von einem Schulbus abgeholt und am Abend wieder nach Hause gebracht. Seine Schule lag etwas

weiter weg von unserem Wohnort. Es war eine Steiner-Schule für geistig beeinträchtigte Kinder.
Meine Mutter hatte Mühe, sich von R. den ganzen Tag zu trennen. Sie brauchte aber die Entlastung. Ich fühlte mich auf eine Art schuldig, denn meine Mutter sagte einmal zu mir: „Wir geben R. nur weg, damit du nicht zu kurz kommst!"
„Wumm!" Solche Aussagen haben gesessen und waren auch Jahre später noch in meinem Kopf präsent.
Ab und zu besuchten meine Mutter und ich zusammen die Schule und das Tageswohnheim von R. Zu Feiertagen gab es Aktivitäten, bei der die ganze Familie mit dabei war. Es gab in meiner Kinder- und Jugendzeit zwei Ebenen, in denen ich mich bewegte. In R. Schule unter den vielen geistig und körperlich beeinträchtigten Kindern war ich stolz, seine große Schwester zu sein. Ich hatte nie Berührungsängste mit diesen Kindern. Sobald wir aber den geschützten Rahmen der Schule verließen und R. sich auffällig benahm, was er meistens in irgendeiner Weise tat, schämte ich mich zu Tode. Oft wäre ich gerne im Boden versunken oder hätte groß auf meine Stirn geschrieben: „Ich gehöre nicht zu dieser Familie! Glotzt nicht so doof!"
Ich hatte durch solche Gedanken ein schlechtes Gewissen meinen Eltern und R. gegenüber. Diese Ambivalenz spielte lange Zeit eine große Rolle in meinem Leben.
Als ich in die fünfte Primarklasse ging, sind wir noch einmal umgezogen in eine ruhige, schöne Vier/Fünf-Zimmer-Wohnung in demselben Dorf. Ich konnte also weiterhin die gleiche Schule besuchen.
Wie schon kurz angedeutet, liebe ich den Sport und alles, was mit Bewegung zu tun hat.
Mit neun Jahren entschied ich mich für einen Judo-Kurs. Ich habe keine Ahnung mehr, wie ich auf diesen Gedanken ge-

kommen bin und ob mich meine Eltern dazu animiert haben. Auf jeden Fall gefiel es mir! Jeden Montagabend radelte ich also mit einem Freund in das Nachbardorf zum Judo-Unterricht. Drei Jahre trainierte ich dort bis zum ‚Orangen Gürtel'. Dann wollte ich nicht mehr weitertrainieren, weil es fast nur noch Jungs im Kurs gab und meiner Ansicht nach die Kräfte ungleich verteilt waren.

Ich hörte also mit dem Judo auf und besuchte daraufhin den Volleyballclub. Ich kann mir heute noch nicht erklären, wieso ich dort fünf Jahre trainierte, denn ich war in dieser Sportart wirklich nicht gerade das, was man ein Talent nennen konnte. Meine Familie machte im Winter oft Skiurlaub in einem kleinen Dorf in den Alpen.

Ich liebte diese Ferien, obwohl ich oft in die Skischule ‚musste'. Mit drei Jahren stand ich erstmals auf den Brettern. Später fuhren wir nicht mehr oft in den Skiurlaub, denn es wurde zu umständlich mit R. Er kann wegen Gleichgewichtsstörungen und seiner schlechten Sehkraft das Skifahren nicht lernen. So musste immer jemand der Familie bei ihm in der Ferienwohnung bleiben.

Irgendwann gab es keinen Skiurlaub mehr. Das war dann auch das Ende meiner Skikarriere, bevor ich ein paar Jahre später das Snowboarden für mich entdeckte. Snowboarden wurde zu einer grossen Leidenschaft von mir. Ich liebe den Schnee, die Berge, die Geschwindigkeit und das damit verbundene Gefühl der grenzenlosen Freiheit.

Als Kind waren mir die Berge eher unsympathisch, vor allem im Sommer! Meine Familie verbrachte den Großteil unserer Urlaube in den Bergen.

Mein Vater liebte das Wandern und hasste das Meer. Menschenüberfüllte Strände waren für ihn ein Graus, und es wäre auch nicht einfach gewesen mit R., denn auch er verträgt kei-

ne Menschenmassen. In solchen Situationen, Menschenmassen, konnte es öfter mal zu Peinlichkeiten mit ihm kommen, Schreianfälle usw.
Ich hab mir immer gewünscht, einmal ans Meer fahren zu können, doch erst in meinem 14. Lebensjahr erfüllten mir meine Eltern diesen Wunsch. Wir gondelten zwei Wochen mit einem Hausboot durch die Kanäle von Südfrankreich.
Mittlerweile ziehe ich mich sehr gerne in die Berge zurück, egal ob im Sommer oder Winter. Die ruhige Atmosphäre bekommt mir gut.
Parallel zum Sport war ich im Blauring.[1] Vom ersten Tag an, also kurz nach meiner ersten Kommunion, war ich dort aktiv dabei. Ich besuchte jedes Lager und fühlte mich so richtig wohl in dieser Gruppe von zirka zehn Mädchen. Die Sommerlager waren jeweils das Highlight des Jahres. Ich erinnere mich, dass viele Mädchen Heimweh hatten und in ein kollektives Weinen verfielen. Ich konnte mir dieses Phänomen nie so richtig erklären, ging es mir doch blendend. Manchmal plagte mich das schlechte Gewissen, denn ich fragte mich, wieso ich kein Heimweh bekam. Dann spielte ich den Leiterinnen etwas vor, indem ich so tat, als würde ich weinen.
Auch in dieser Zeit hat sich eine Freundschaft ergeben mit einem Mädchen aus meiner Blauringgruppe. P. und ich sind heute noch sehr gut befreundet und stehen uns in vielen Lebenslagen zur Seite.

Zurück zu meiner Schulkarriere: Ich schlängelte mich mehr schlecht als recht durch die Primarschule. Am Ende des fünften und letzten Unterstufenjahres reichte mein Notenschnitt ganz knapp nicht für die Sekundarstufe. Für mich war aber

[1] Katholische Kinder- und Jugendorganisation in der Schweiz

klar, dass ich nicht in die Realschule wollte! Dennoch musste ich die Aufnahmeprüfung für die Sekundarstufe absolvieren und schaffte die knapp.
In der Mittelstufe ging es dann aber weiter mit meinen minimalen Schulleistungen. Interessierte mich ein Fach, war ich gut und begeisterungsfähig. Das waren Fächer wie Biologie, Zeichnen, Sport und Hauswirtschaft. In den anderen Fächern stürzte ich immer weiter ab. Nach wie vor hatte ich kein Interesse am Lernen. Es gab Wichtigeres in meinem Leben.
Zu Hause bekam ich immer mehr Ärger wegen meinen miserablen Leistungen in der Schule. Meine Mutter probierte, mir Hilfestellung zu geben, indem ich mit ihr lernen musste. Aber das brachte überhaupt nichts. Für meinen Vater wurde ich immer mehr zur Versagerin. Er zeigte kein Verständnis für meine schulischen Fehltritte, konnte und wollte mir aber auch nicht helfen.
Mit der Zeit wurde der Berg des verpassten Schulstoffes unüberschaubar. Dazu kam, dass ich den Respekt vor meinen Lehrern verlor. Ich provozierte, fälschte Unterschriften und benahm mich allen Autoritätspersonen gegenüber widerspenstig.
Es kam, wie es kommen musste. Ich wurde nach der dritten Sekundarschul-Klasse nicht mehr versetzt. Eigentlich hätte ich das Recht gehabt, die Klasse zu wiederholen, doch die Lehrer und der Schulpsychologe sahen darin für mich keine Chance, meine Noten zu verbessern. Alle schlugen vor, dass ich die Berufswahlklasse als letztes Schuljahr absolvieren sollte.
Anfänglich wehrte ich mich mit Händen und Füßen gegen diesen Entscheid, denn mein Berufswunsch war Kleinkinderzieherin. Mir war bewusst, dass sich meine Chancen auf eine Lehrstelle mit dem Abschluss der Berufswahlklasse verschlechtern würden. Doch die Lehrer wollten nicht mehr mit

sich verhandeln lassen und meine Eltern waren ratlos und ließen sich von der Lehrerschaft überzeugen. Der Entscheid stand somit fest: Berufswahlklasse.
Ich hatte während dieser für mich nicht einfachen Zeit eine sehr wichtige Ansprechperson, sozusagen die einzige. Sie war zu dieser Zeit ca. 32jährig und Sozialarbeiterin / Sozialpädagogin. V. war die Frau eines guten Kollegen meines Vaters und unsere Familien waren eng befreundet. Ich wählte sie als meine Firmpatin und hütete später oft ihre Kinder. Sie schien mir die einzige erwachsene Person in meinem Umfeld zu sein, die mich verstand. Sie hatte Vertrauen zu mir und das war mir sehr wichtig. Ich merkte auch, dass ich ihr irgendwie wichtiger war als R. Das war für mich eine neue Erfahrung. Mein Berufswunsch, Sozialarbeit zu studieren, hatte anfänglich stark mit ihr zu tun.
Unterdessen waren wir schon wieder umgezogen. In ein Nachbardorf, das etwas kleiner war. Ich spielte dort Volleyball und Korbball im Verein und traf mich regelmässig mit meiner ‚Clique'. Mir gefiel es dort super und ich freundete mich sofort mit den anderen Jugendlichen des Dorfes an.
Meine Beziehung zu meinem Bruder verschlechterte sich zusehends. Oft mahnten mich meine Eltern, ich sollte einsichtiger sein mit ihm, weil ich ja froh sein könnte, dass ich ‚normal' wäre.
Meine Wut R. gegenüber wuchs. Ich ließ keine Gelegenheit aus, ihn zu ärgern. Zu dieser Zeit verschlechterte sich auch meine Beziehung zu meinem Vater. Wir hatten kein Verständnis füreinander. Mein Vater konnte mit mir nichts anfangen zu dieser Zeit. Er beschimpfte mich oft als sehr dumm und meinte, ich sollte niemandem sagen, dass ich seine Tochter wäre. Wir hatten uns außer Kränkungen eine lange Zeit gar nichts zu sagen.

Meine Mutter stand oft zwischen den Fronten, stärkte aber meistens meinem Vater den Rücken. Ich erlebte meine Eltern immer als ein zusammengeschweißtes Paar, auch wenn ich oft die Unsicherheiten meiner Mutter wahrnahm.
Einmal mehr interessierte mich die Schule überhaupt nicht, denn in dieser Berufswahlklasse war ich absolut unterfordert. Es war vom Niveau her ein großer Unterschied zur Sekundarschule und ich hatte den Schulstoff schon durchgenommen. Außerdem erschienen mir die Lehrpersonen als überhaupt nicht kompetent. Ich absolvierte ein paar Schnupperlehren in diesem Jahr: als Coiffeuse, als Bahndisponentin und in einem Optikerladen als Verkäuferin. Es war alles interessant, aber ich wusste ja schon seit Jahren, was ich lernen wollte: Kleinkinderzieherin!
Nach meinem langersehnten Schulabschluss verlor ich keine Zeit, denn ich wollte weg, meinen eigenen Weg gehen und Erfahrungen sammeln. Ich meldete mich an einer Sprachschule in L. an und suchte mir eine Arbeitsstelle als Au-pair-Mädchen. Frohen Mutes zog ich in die Weite.
In L. fühlte ich mich dann auch zum ersten Mal so richtig frei. Ich musste zwar auf drei Kinder aufpassen und ging jeden Nachmittag zur Schule, dafür konnte ich ansonsten tun und lassen, was ich wollte.
Ich genoss das Leben in vollen Zügen, auch wenn die Arbeit als Au-pair nicht immer lustig war.
In L. verliebte ich mich auch das erste Mal so richtig. S. hieß er und war vier Jahre älter als ich. Das erste Mal musste ich mich nicht schämen, jemanden mit nach Hause zu nehmen, um herauszufinden, wie er zu meinem behinderten Bruder stehen würde. Das war nämlich immer ein wichtiger Aspekt für mich. Freunde wurden von mir stets kritisch beäugt im Umgang mit R. Hatten sie ein Problem mit ihm, dann hatten sie

auch eines mit mir. Da kommt wieder diese Ambivalenz zum Vorschein!

Das Gute war also, ich wohnte jetzt in L. und meine Familie ganz woanders.

Noch während meines Sprachaufenthaltes fand ich in B. eine Praktikumsstelle in einem Tagesheim. Ich freute mich unheimlich darauf.

In diesem Jahr verstarb mein Großvater väterlicherseits.

Obwohl meine Großeltern alles andere als eine harmonische Beziehung führten, ging es meiner Großmutter nach dem Tod ihres Mannes immer schlechter. Sie erkrankte an Alzheimer.

Im Sommer 1993 begann ich mein Vorpraktikum in einem Tagesheim. Die Arbeit begeisterte mich und ich fühlte mich im Team und in der Umgebung total wohl. Es bestätigte mir meinen Wunsch, Kleinkinderzieherin zu werden, noch mehr.

Seit meinem zwölften Lebensjahr habe ich mir zusätzlich Taschengeld verdient mit wöchentlichem Babysitting. Die Arbeit war für mich also nicht speziell neu. Mir gefielen vor allem die Vielseitigkeit der Kinder und die Kreativität, die ich in diesem Praktikum ausleben konnte.

Nach dem einjährigen Praktikum habe ich trotz großer Bemühungen keine Lehrstelle gefunden. Sekundarschülerinnen wurden bevorzugt! Ich absolvierte noch einmal ein Praktikum, diesmal auf einer Geriatrieabteilung in einem Universitätsspital.

Ich war 18 Jahre alt und vieles schien mir schwer im Leben. Ich hatte starke Stimmungsschwankungen, war oft schlecht gelaunt, ohne zu wissen, worin der Grund bestand.

Der Job mit den alten Menschen im Spital hat mich irgendwie depressiv gestimmt. Der Spitalalltag war nichts für mein Gemüt, das hatte ich mit diesem Praktikum herausgefunden. Ich kam mit dem Tod in Berührung und wusste nicht, wie damit

umgehen. Nach diesen drei Monaten hatte ich das Bedürfnis zu verreisen.
Ich erfuhr dann von der Ausbildung als Kinderpflegerin, die eine Alternative für mich darstellte. Die Ausbildung gab es nur in zwei Orten. Ich bewarb mich in Z., ging in die Aufnahmeprüfung und bestand sie. Bis zum Ausbildungsbeginn im Frühjahr 1995 gönnte ich mir einen Sprachaufenthalt in England.
Da meine Eltern in das Elternhaus meines Vaters umzogen, kam mir der Auszug von zu Hause sehr gelegen. Die Alzheimer-Krankheit meiner Großmutter war zudem so weit vorgeschritten, dass wir sie in ein Pflegeheim bringen mussten.
Ich zog im April 1995 nach Z. in ein Personalhaus, ohne je vorher diese Stadt besucht zu haben. Aber die Gedanken waren positiv, so freute ich mich sehr auf das neue Leben.

Z. – Mein neues Leben

April 1995 – nun war ich also in Z., einer fremden Stadt. Ich kannte niemanden und wusste nicht, was auf mich zukommen würde.
Vorgesehen war, dass ich jedes Wochenende nach Hause kommen würde, darum war ich auf dem Einwohnermeldeamt als Wochenaufenthalterin registriert.
Ich besuchte also den ersten Schulblock in der Kinderpflegerinnen-Schule. Wir waren alles Frauen und ich schloss schnell Freundschaften. Bald entdeckte ich das Nachtleben und so verbrachte ich oft auch die Wochenenden in Z. Meine Besuche zu Hause wurden immer seltener, ich fühlte mich wohl in Z. und seiner Umgebung.
Nach einem halben Jahr absolvierte ich ein Schulpraktikum in einem Kinderhaus, einer von der Stadt finanzierten Kinderkrippe. Die Kinder dort waren zwischen zwei Monaten und fünf

Jahren alt. Ich arbeitete in einer 24-Stunden-Gruppe mit Krisenintervention. Die Arbeit machte mir Spaß und war sehr spannend. Ich konnte viel Arbeitserfahrung sammeln und ich beendete das Praktikum dort nur ungern.
Unterdessen hatte ich einige neue Freunde gefunden, und ich war oft unterwegs.
Nach einem kurzen Schulblock arbeitete ich einen Monat in einer Familie mit drei Kindern, eines war körperlich behindert. Es war mit einem Hydrocephalus und einem Spina Bifida auf die Welt gekommen. Meine Aufgabe bestand darin, mich intensiv mit diesem Jungen zu beschäftigen. Ich machte es mir jedoch schwer mit dieser Aufgabe. Zu oft wurde ich mit meiner eigenen Kindheit konfrontiert. Ich sah, wie die zwei gesunden Kinder allein zurecht kommen mussten und so in der Familie untergingen. Wann immer ich Zeit hatte, kümmerte ich mich um die zwei älteren Geschwister, zwei Jungen. Mein Verhältnis zum Jüngsten, dem ‚behinderten' Jungen, war geprägt durch meine persönlichen Erfahrungen in meiner Kindheit. Ich war oft genervt durch sein grenzenloses Verhalten.
Dann folgte wiederum ein Schulblock. Darin bereiteten wir uns auf das Spitalpraktikum vor, das in einem Spital in Z. stattfand. Gleichzeitig zog ich vom Personalhaus in die Pflegerinnenschule um. Ich pflegte Neugeborene und ihre Mütter. Eine Woche durfte ich auf der Gebärabteilung arbeiten. Ich sah einige Geburten, dies waren beeindruckende und schöne Momente. Trotzdem wusste ich, dass die Arbeit im Spital für mich in der Zukunft nicht in Frage kommen würde. Die Arbeit ließ keinen Platz für Kreativität oder eigene Ideen, alles war fest vorgegeben.
Nach Ende der Ausbildung flog ich in den Ferien für zwei Wochen nach Bali. In diese Insel habe ich mich sofort verliebt.

Doch der Alltag kam zurück und ich arbeitete bei einer Familie. Dort betreute ich einen achtjährigen Jungen. Schnell wurde mir die Arbeit zu langweilig. Ich setzte mir in den Kopf, dass ich die Matura nachholen wollte und meldete mich bei einer AKAD dazu an.
Am Anfang lief alles noch gut, aber mit der Zeit wusste ich nicht mehr, wo mir der Kopf stand. Ich arbeitete 80 % und ging samstags in die Schule, in jeder noch freien Minute paukte ich den Schulstoff. Mir blieb keine Zeit mehr für etwas anderes.
Zu dieser Zeit zog ich wieder um, ich hatte eine eigene, kleine Wohnung gefunden. Die musste ich einfach haben. Meine erste eigene Wohnung!
Das Problem war nur, dass sich durch die damit verbundene finanzielle Belastung und den Stress der Schule eine Schlinge um meinen Hals zu ziehen drohte. Ich hatte schon Anfang des Monats kaum noch Geld für den Lebensunterhalt zur Verfügung.
Und dann kamen plötzlich diese Anfälle. Ich bekam keine Luft mehr, mein Herz raste und ich konnte nicht mehr schlafen. Anfänglich dachte ich, ich müsse sterben, es fühlte sich an wie ein Herzinfarkt. Eines Nachts bestellte ich mir in meiner Panik während eines Anfalls ein Taxi und fuhr in die Notfallaufnahme des Spitals. Dort angekommen, war der ganze Spuk plötzlich vorbei. Die Ärzte untersuchten mich und alles, was dabei herauskam, war eine Rechnung von 1.000 Franken und ein Termin bei einem Spezialisten für Angststörungen.
Jetzt, da ich wusste, um was es sich bei diesen Anfällen handelte, änderte ich vieles. Ich kaufte mir Literatur und informierte mich über diese psychische Störung. Es dauerte zwar noch einige Zeit, bis ich wieder in einem Kino sitzen konnte, ohne Herzrasen zu bekommen, aber ich habe es geschafft, mich selber zu heilen. Wichtig für mich war, dass diese Angststö-

rung kein Tabuthema war. Ich klärte mein Umfeld über das Störungsbild auf. So musste ich auch keine Angst haben, dass mich ein solcher Anfall überraschend heimsuchen würde. Diese Zeit war sehr intensiv und belastend für mich, aber auch erfahrungsreich.

Nach drei Semestern brach ich die AKAD ab. Ich fühlte mich irgendwie als Versagerin. Mein Gefühl sagte mir aber, dass es besser sei aufzuhören, da die Belastung zu hoch war. Privat tat sich in dieser Zeit auch einiges. Im Dezember 1998 lernte ich meinen damaligen Freund kennen. Er wohnte in einem anderen Ort, was mich im Frühjahr 2000 dazu veranlasste, von Z. dorthin umzuziehen.
1999 wechselte ich die Arbeitsstelle. Ich arbeitete jetzt in einer Familie mit einem vierjährigen Jungen und einem neugeborenen Mädchen. Die Mutter war voll berufstätig und der Vater im Ausland. Ich kümmerte mich von montags bis freitags um die zwei Kinder.
Da ich Geld sparen wollte für eine geplante Reise, nahm ich im August 2000 zusätzlich einen Job in einem Fitnessclub an. Dieser Job brachte mich auf die Idee, später noch eine Ausbildung als Gymnastikinstruktorin zu machen.
Im Oktober 2000 bereiste ich Australien und Tokio mit meinem Freund. Reisen war eine unserer gemeinsamen Interessen. Wir nutzten die freie Zeit oft, um kürzere oder längere Reisen zu machen.
Anfangs Januar, nach zweijähriger Tätigkeit in der Familie, wechselte ich wiederum die Arbeitsstelle. Endlich hatte ich eine Arbeitsstelle in einer Kinderkrippe als Kleinkinderzieherin gefunden. Gleichzeitig bildete ich mich zur Gymnastikinstruktorin aus.

Die Ausbildung als Gymnastikinstruktorin war anstrengender, als ich mir vorgestellt hatte. Neben meiner Arbeit in der Kinderkrippe pendelte ich nun jeden Samstag nach L., um dort diese Schule zu besuchen.
Ich war nicht gerade ein Koordinationstalent, was meine körperlichen Bewegungen anging, so waren die Übungen für mich knochenharte Arbeit. Was mir zudem schwer fiel, war das Präsentieren vor einer Gruppe. Ich musste mich und mein Können jeden Samstag unter Beweis stellen. Einige Male hab ich ans Aufgeben gedacht, aber mein Stolz ließ dies nicht zu. Drei Mal die Woche musste ich zusätzlich in einen Aerobic-Kurs gehen, das war Pflichtprogramm. Zusätzlich trainierte ich zwei bis drei Mal die Woche für mich selber. Das heißt, ich war ein Stammgast im Fitnesscenter und immer, wenn ein Kursraum frei war, war ich dort anzutreffen.
Die Mühe hat sich ausgezahlt, ich habe die Ausbildung erfolgreich abgeschlossen. Auf dieses Diplom bin ich besonders stolz.
Gearbeitet habe ich nie auf diesem Beruf. Ich sehe diese Ausbildung eher als persönliche Weiterbildung an.
In der Zwischenzeit expandierten wir in unserer Kinderkrippe und zogen um. Die neue Idee eines Tageskindergartens war entstanden. Ich durfte zusammen mit einer Kindergärtnerin und einer Kleinkinderzieherin die Feinstrukturierung des Kindergartens übernehmen.
Es bereitete mir viel Spaß, den Kindergarten und Hort einzurichten und an dem pädagogischen Konzept sowie an der Tagesstruktur mitzuarbeiten. Mir wurde die Leitung am Nachmittag übergeben. Ich leitete den Hortbereich zusammen mit einer Praktikantin.
Am Morgen half ich der Kindergärtnerin im Unterricht. Berufsbegleitend absolvierte ich eine Weiterbildung über ein Jahr,

die mich von der Kinderpflegerin zur Kleinkinderzieherin schulte. Eigentlich war dies nur eine Formsache.
Nach einer eineinhalbjährigen Tätigkeit im Kindergarten wusste ich, dass die Zeit gekommen war, etwas Neues zu suchen. Nicht nur eine neue Arbeit, nein, ich wollte in einen ganz neuen Arbeitsbereich einsteigen. Eigentlich hatte ich die Hochschule für Soziale Arbeit schon länger in meinem Hinterkopf. Da mir aber die Vorbildung fehlte, hatte ich wenig Hoffnung, meinen Wunsch realisieren zu können.
Auf jeden Fall wollte ich einmal mit älteren Kindern oder Jugendlichen arbeiten. Also bewarb ich mich blind bei verschiedenen Kinder- und Jugendheimen sowie Horten und Jugendtreffs.
Parallel dazu besuchte ich die Informationsveranstaltung an der Hochschule für Soziale Arbeit. Danach wusste ich definitiv, dass ich diese Ausbildung machen wollte. Ich meldete mich einmal mehr an der AKAD für den Vorkurs an. Dieses Mal musste es klappen, daran gab es keinen Zweifel, ich hatte jetzt ein Ziel.

Ich drehe das Zeitrad kurz zurück. Januar 2003. Auch in meinem Privatleben hat sich einiges getan. Ich war schon wieder zweimal umgezogen. Von einer WG in eine eigene Wohnung und später zu meinem Freund.
Dann entschied ich mich spontan, für längere Zeit Urlaub zu nehmen. Ich hatte das Bedürfnis zu verreisen, etwas von der Welt zu sehen. Ich beantragte drei Monate unbezahlten Urlaub an meinem Arbeitsort in der Kinderkrippe und er wurde mir zugesprochen. Ich plante eine Reise durch Myanmar und Australien.
So kam es, dass ich im Januar 2003 meinen Rucksack packte und mit meinem Freund nach Bangkok reiste. Von dort aus

flogen wir nach Myanmar. Wir bereisten das Land drei Wochen lang. Es war eine einmalige Erfahrung, an die ich ein Leben lang positiv zurückdenken werde. Zurück in Bangkok, trennten sich unsere Wege. Ich flog weiter nach Australien. Nachdem ich den Osten schon einmal bereist hatte, wollte ich nun den Schwerpunkt auf den Westen des Landes setzen. Ich reiste sechs Wochen allein und planlos durch Australien. Es war eine gute Zeit und das Alleinreisen hat mir gut getan.

Zurück in der Schweiz, packte ich mein Snowboard und verreiste für zwei Wochen nach in einen Skisportort wo N., meine Freundin aus dem Kindergarten, arbeitete.

Nach drei Monaten voller Eindrücke und Erfahrungen freute ich mich wieder auf den Alltag. Doch es ging gleich turbulent weiter. Ich trennte mich kurz nach meiner Rückkehr von meinem Freund und zog zurück nach Z.

Doch zurück zum Vorkurs an der AKAD und meiner beruflichen Situation. Nach meiner Kündigung in der Kinderkrippe arbeitete ich einen Monat lang im Weihnachtsverkauf in einem Spielwarenkaufhaus. Daraufhin hatte ich eine Stelle in einem Skiort angenommen. Dort arbeitete ich eine Wintersaison lang in einem Kinderhotel als Kinderbetreuerin. Das, was ich dort erlebte, war alles andere als toll. Ein pädagogisches Konzept kannte man dort nicht. Ich war zusammen mit einer Praktikantin verantwortlich für den Kleinkindbereich, das heißt, für die Babys von acht Wochen bis zwei Jahre. Der Tagesablauf sah so aus: Die Eltern lieferten ihre Kinder am Morgen ab und holten sie am Abend wieder. Dazwischen schrien die Kleinen zum Teil einen Tag lang nach ihren Eltern, weil sie noch nie in ihrem Leben fremdbetreut worden waren. Ich kann zu diesen vier Monaten nur sagen, dass es der Horror war, und ich nicht weiß, für was diese Erfahrung gut sein sollte. Nach meinem

letzten Arbeitstag bin ich sofort abgereist und habe diese anstrengende und nervige Zeit hinter mir gelassen.
Zwei Tage später, zurück in Z., fing ich meine befristete Arbeitsstelle in einer kleinen Kinderkrippe an. Es war eine schöne und angenehme Arbeit. Ich leitete eine altersgemischte Kindergruppe und bekam nach der negativen Erfahrung im Kinderhotel wieder Freude an der professionellen Arbeit mit Kindern.
Ich wohnte wieder allein in einer kleinen Wohnung. Doch schon im Frühjahr 2004 gründete ich zusammen mit einer ehemaligen Arbeitskollegin eine WG. Dort wohne ich nun schon fast zwei Jahre, rekordverdächtig für mich!
Ich lernte für den Vorkurs und bewarb mich weiterhin auf einen Ausbildungsplatz, unter anderem auf ein Inserat als Praktikantin in einer sozialpädagogischen Wohngruppe für Kinder. Eigentlich wusste ich, dass ein Praktikum unter finanziellen Aspekten nicht in Frage kommen würde. Trotzdem ging ich an das Bewerbungsgespräch mit einem guten Gefühl. Und ich bekam eine Festanstellung als Erzieherin mit Aussicht auf den Ausbildungsplatz. Eine Glückssträhne hatte begonnen.
So fing ich also im Kinder- und Jugendheim zu arbeiten an. Im darauf folgenden Winter bestand ich den Eignungstest an der Hochschule für Soziale Arbeit. Zu guter Letzt schloss ich auch noch den Vorkurs an der AKAD erfolgreich ab.
Meinem lang ersehnten weiteren Bildungsweg stand nichts mehr im Wege und das erste Mal in meinem Leben wurde mir bewusst, dass ich etwas leisten konnte. Auch schulisch! Bis zu diesem Zeitpunkt glaubte ich nicht an meine kognitiven Fähigkeiten und nun war alles wie ein Start in ein neues, spannendes Leben.

Nun wollte ich noch einmal meine Kindheit und meine Jugend reflektieren, denn ich hatte bemerkt, dass mich irgendetwas immer wieder einzuholen versuchte.
Ein Gefühl von Traurigkeit und damit verbunden viele unbeantwortete Fragen. Ich geriet durch Zufall an eine Therapeutin für Bewegungs-, Polarity- sowie Gesprächstherapie. Sie war ursprünglich Kindergärtnerin und Sozialpädagogin, hatte mit traumatisierten Kindern und Müttern gearbeitet und war lange in der Suchtprävention tätig. Diese Frau hat mich sofort angesprochen, denn ihr Werdegang hatte einige Parallelen zu meinem und sie war mir sofort sympathisch.
Wir schauten uns gemeinsam meine Familie an, die Funktion jedes Einzelnen und das ganze Familiensystem. Ich hatte viel zu verarbeiten und manchmal glaubte ich, dass sich alles nur noch im Kreise drehen würde. Doch sie zeigte mir, wie ich den Absprung schaffen könnte, den Absprung in mein eigenes Leben. Und ich habe diese Möglichkeit sofort beim Schopf gepackt. Ich bin ihr sehr dankbar für ihre Hilfe zur Selbsthilfe. Damit möchte ich nicht sagen, dass das Thema Ursprungsfamilie für mich erledigt ist, im Gegenteil. Ich habe gelernt, damit umzugehen, es als Teil meines Lebens zu akzeptieren. Jetzt kann ich meinen Eltern auf einer anderen Ebene begegnen. Ich bin nicht mehr das kleine Kind mit dem behinderten Bruder. Ich bin Sonja und stehe meinen Eltern als erwachsene Person gegenüber. Ich kann jetzt mit meinen Eltern, erstaunlicherweise vor allem mit meinem Vater, kommunizieren, was uns fast zwanzig Jahre nicht gelang.
Neben der sehr anspruchsvollen Arbeit im Kinderheim treibe ich nach wie vor viel Sport. Laufen, Fitness, Tanzen und im Winter viel Snowboarden gehören zu meinem Leben. Ohne Sport und Bewegung würde mir etwas Wichtiges fehlen im

Leben. Ich halte mich mental und gesundheitlich fit mit viel Bewegung.
Tja, so schnell ist also eine Biografie geschrieben.

Das ist meine Change

Ich bin dieses Jahr dreissig Jahre alt geworden, fast so lange brauchte ich, um zu lernen, auf meine Gefühle zu hören und vor allem, sie anzusprechen und sie als wichtig zu empfinden.
Ich glaube, das war eine meiner prägendsten Erfahrungen in meinem Leben: Gefühle wahrnehmen – sie ansprechen – ernst genommen werden und darin auch noch bestätigt werden. Das löste in mir wahrhaft ein Glücksgefühl aus. Ein Glücksgefühl, das ich lange suchte, das mir fehlte in meinem Leben.

Gefühle, was ist das?
Etwas ganz tief in mir drin, etwas, das ich nur für mich behalten kann, etwas, worüber man nicht redet, etwas, das mir Angst macht, etwas, das niemanden interessiert, etwas Bedrohliches, etwas, das ich nicht einordnen und nicht definieren kann. Ein einengendes Gefühl, ein Gefühl zum Kotzen!
So habe ich das erlebt, lange Jahre lebte ich in diesem beengenden Tunnel, bis ich ihn zu sprengen wagte.
Ein langer Prozess, der vor 27 Jahre seinen Lauf nahm.
Vor 27 Jahren bekam ich einen Bruder – geistig und körperlich behindert. Ich entwickelte in meiner Kindheit ein großes Gerechtigkeitsgefühl.
Es tat weh, etwas nicht zu bekommen, was ER bekam, und dabei nicht zu verstehen, warum.
Es tat weh, dass ER an die Hand genommen wurde und mich niemand an die Hand nahm.

Es tat weh, Kränkungen zu ertragen von Mitmenschen, die keine Ahnung hatten, wie es in mir aussah.
Es tat weh, spöttische und fragende Blicke anderer ertragen zu müssen.
Es tat weh, nicht die gleiche Anerkennung wie ER zu bekommen.
Das alles verstand meine Kinderseele noch irgendwie. Was ich nicht verstand war, wieso mich niemand fragte, wie es mir ginge und was ich fühlte.
Ich sammelte also Gefühle ... SIE sammelten sich an und sammelten sich an ... fast 20 Jahre ... dann war ich voll!
Ich wusste: Jetzt musst du SIE loswerden.
Aber wie?
Zuerst lief ich davon, SIE liefen einfach mit.
Dann kotzte ich SIE heraus, doch SIE blieben in mir!
Ich schob SIE auf andere Mitmenschen, wortlos, mit Gewalt.
Doch SIE schossen mit doppelter Wucht zurück.
Panik kam über mich. Wie werde ich SIE los?
Eine Sprache zu sprechen und doch 20 Jahre keine Worte zu finden, um auszusprechen, was mich berührte, das war schrecklich.
Wie ein kleines Kind die Sprache neu zu erlernen, damit die Taubheit in mir aufhört und ich das Glück finden kann, ist ein unbeschreibliches Gefühl.
10 Jahre habe ich nun gebraucht, und es hat sich gelohnt.
Es ist wunderbar, seine Gefühle lieben Menschen mitteilen zu können.
Es ist befreiend, schlechte Gefühle dort deponieren zu können, wo sie hingehören, nämlich beim Verursacher.
Es ist schön, jemanden teilnehmen zu lassen an seinem innersten Ich.
Ich bin richtig süchtig geworden, meine Gefühle loszuwerden.

Gefühle was ist das?
Gefühle – sind das Leben!

Das Schlimmste für mich war
Diese Ambivalenz zwischen meiner Familie und mir. Ich hatte immer das Gefühl, außerhalb der Familie zu stehen. Irgendwie gehöre ich seit 27 Jahren nicht mehr richtig dazu. Genauer gesagt, seit der Geburt meines geistig und körperlich behinderten Bruders.
Ich war wie eine beobachtende Person, die durch einen Gartenhaag getrennt war von meiner Familie. Ich lebte in meiner eigenen Welt. Es wäre wahrscheinlich ganz einfach gewesen, diesen Haag zu übersteigen, doch es hat mir niemand die Hand gereicht.
Einerseits habe ich mich sehr identifiziert mit meiner Familie. Ich war mächtig stolz auf meinen nicht ganz so normalen Bruder. Anderseits schämte ich mich für ihn.
Ich fühlte mich oft allein gelassen und wusste nicht, wie damit umzugehen. Ich wusste aber auch, dass mein Bruder mehr Unterstützung brauchte als ich und es wäre mir nie in den Sinn gekommen, Unterstützung für mich anzufordern. Ich war ja normal!
Ich war aber auch stolz, die große normale Schwester zu sein. Erzählte nicht ohne Stolz herum, dass ich einen behinderten Bruder hätte, und ich war mir meiner frühen Selbstständigkeit sehr bewusst.
Dass ich eigentlich seit 27 Jahren neben meiner Familie herlebte, wurde mir erst vor ein paar Jahren bewusst.
Auch mein früher Auszug von zu Hause war sehr ambivalent. Ich bin mit 19 Jahren in eine andere Stadt gezogen und dachte, das wäre es jetzt gewesen mit Familie. Aber emotional habe ich mich erst 10 Jahre später von ihr gelöst.

Bis fast zu meinem dreißigsten Lebensjahr machte ich all meine Gefühle, Ängste, Entscheidungen im Unterbewusstsein von meiner Familie abhängig. Erst durch meine Therapeutin wurde mir bewusst, dass ich immer noch im Stadium der Ablösung fest hing, dass noch viel unverarbeitete Wut und ständiger Frust mich in meinem Leben begleitete.

Das Schönste für mich war

Mein Bruder hat mich gelehrt, die Welt durch andere Augen zu sehen. Es gibt nicht nur Schwarz und Weiss. Die Welt besteht aus ganz vielen Farben.

Er hat mich gelehrt, genauer hinzusehen und zu spüren. Meine Menschenkenntnisse sind sehr ausgeprägt, er hat mich sensibilisiert, Menschen nicht nach Äußerlichkeiten einzuschätzen.

Dass ich mit ihm zusammen aufwachsen konnte, hat mir das Leben von einer Seite gezeigt, die nicht alle Menschen kennen lernen dürfen.

Ich bewundere meine Eltern, die immer zusammengehalten haben und an der Situation zusammengewachsen sind. Und obwohl ich mich oft ausgeschlossen fühlte, empfand ich mich im Leben von ihnen gehalten. Dies mag vielleicht in den Augen der Leser widersprüchlich klingen, für mich war es aber genau so.

Ich habe durch das Leben mit meiner Familie Werte mitbekommen, die mich ein Leben lang begleiten werden und für die ich sehr dankbar bin.

Ich muss an dieser Stelle auch sagen, dass ich meine Kindheit als sehr ‚reich' erlebt habe. Wir haben viel unternommen und ich konnte viele Eindrücke sammeln. Dieser Aspekt hat mir sicher geholfen, trotz meiner Geschichte zu dem zu werden, was ich heute bin.

Die ganze Verarbeitung meiner Geschichte und die damit verbundene Trauer und Wut setzten erst in der Adoleszenz ein und wurde mir erst im jungen Erwachsenenalter so richtig bewusst.
Ich wäre wohl heute nicht das, was ich bin – und ich bin dankbar für das, was ich bin und noch werde.

Sonja, 30 Jahre

Nachbemerkung:

Ich bekomme nun selbst ein Kind und merke, mit was für Ansprüchen, Erwartungen und Wünschen so ein Kind verbunden ist. Ich mach mir nun öfters Gedanken darüber, wie das für meine Eltern gewesen sein muss, als sie erfuhren, dass ihr Kind behindert sein wird. Diese ganze Verantwortung, die eventuellen Schuldgefühle, die plötzlich in so jungen Jahren auf einem lasten, stelle ich mir schwierig vor. Ich weiß nicht, ob und wie ich mit diesem Schicksal zurechtgekommen würde. Eigentlich empfinde ich es als ein Wunder, dass jeder Einzelne aus unsere Familie seinen Weg gefunden hat und gehen kann, auch wenn es nicht immer einfach war und ist. Dafür Danke ich meinen Eltern und meinen Engeln!

Ich habe lange über einen Einstieg zu meiner Geschichte nachgedacht und bin zum folgenden gekommen, der sinnbildlich für die Vergangenheit steht:
Ich habe drei Töchter geboren, von dem zwei Mädels zweieiige Zwillinge sind, die eine hat das Down Syndrom, die andere nicht.
Gleich nach der Diagnosemitteilung stellte sich mir immer wieder die gleiche Frage: „Wie reagiert Alisa auf Julies Behinderung, wenn sie beginnt, es zu begreifen?“
Diese Frage scheint für viele recht ungewöhnlich zu sein, aber bei den Erstgesprächen mit den Ärzten sagten Fremde immer wieder, wie schön es doch für Julie sei, dass sie mit einer gleichaltrigen Schwester aufwächst. Was Alisa dazu sagen würde, interessierte niemanden.
Und so entwickelte sich das Thema „Geschwister behinderter Kinder“ zu ‚meinem'. Erst danach begann ich, mich mit dem Down-Syndrom auseinanderzusetzen.
Als die Zwillinge zweieinhalb Jahre alt waren, wurde für mich ersichtlich, dass ich mit einer Fachkraft für Geschwister behinderter Kinder reden möchte, da Alisas Verhalten recht zwiespältig war. In ihrer Kindergartengruppe hatte ich schon angeregt, dass die Geschwister behinderter Kinder (in dieser Gruppe gab es vier Geschwister in einem Integrationskindergarten) einen Vormittag über ihren Alltag reden sollten, damit sie zum einen einmal zu Wort kommen und zum anderen vielleicht besser in manchen Situationen verstanden werden. Die Erzieherinnen waren recht offen und ihnen war schon bewusst, dass ‚diese' Kinder anders sind und oft mit besonderen Problemen zu kämpfen haben.

Da es zwar Materialien für Schulkinder zu diesem Thema gibt, nicht aber für Kindergartenkinder, kam ich mit Frau Winkelheide ins Gespräch.
Bei einem Telefonat fragte mich Marlies Winkelheide, wieso ich so zeitig nach der Geburt mit dem Thema der Geschwister begonnen habe und ich erzählte ihr, dass ich zum einen Sozialpädagogin bin und zum anderen meine Schwester das Turner-Syndrom hätte, was sich vornehmlich in Klein- und Knabenwuchs sowie in der gestörten Feinmotorik bemerkbar macht. Es ist also nicht mit dem Down-Syndrom vergleichbar.
Frau Winkelheide fragte mich, wie meine Kindheit gewesen und wie der Kontakt zu meiner Schwester heute wäre. Darauf antwortete ich ihr, dass meine Kindheit nicht so schlimm gewesen wäre, aber es mir irgendwann gereicht hätte, dass meine Schwester immer eine Schuldige gesucht hätte, um ihre Misserfolge zu erklären. Dabei wäre sie es, die etwas hätte ändern müssen, zum Beispiel sich selbst zu lieben. Außerdem würde sie immer noch in der Vergangenheit verweilen und mir immer Geschichten von früher erzählen, sodass ich ein schlechtes Gewissen bekäme und in stundenlangen Gesprächen versuchen würde, ihr zuzuhören, ihr Ratschläge zu geben und etwas Selbstbewusstsein aufzubauen. Jedoch wäre mir vor zirka vier Jahren klar geworden, dass ich das alles in dieser Konstellation nicht mehr würde haben wollen. Ich wolle nicht mehr in der Vergangenheit verweilen und mich schuldig fühlen für Sachen, die ich als Kind getan hätte oder eben auch nicht, denn an meine Kindheit würde ich mich kaum erinnern können – und zudem wolle ich auch meinen Frieden finden und damit abschließen.
Als unser Telefonat beendet war, sagte ich zu mir: „Es hat dir nichts ausgemacht? Ich habe es gehasst."

Und genauso war es immer. Verleugnung der Wahrheit noch nach so vielen Jahren.
Meine Kindheit und meine Jugend habe ich als keine gute in Erinnerung.
Einzig und allein der Sport gab mir Halt und Selbstbestätigung, denn eine Bestätigung durch meine Familie habe ich nur erhalten, wenn ich die gewünschte Leistung erbrachte. Das galt für die Leistungen in der Schule ebenso wie für die zu Hause. Funktionieren war hier das Lösungswort.
So war ich lange Zeit vom Ehrgeiz zerfressen. Habe ich einmal eine Leistung nicht wie erwünscht erbracht oder wie ich es mir vorgenommen hatte, dann empfand ich mich auch selber als nicht liebenswert.
So wurde ich erzogen. „Du bist nur etwas, wenn du die Beste bist, überall und in jeder Lage." Dieser Satz beziehungsweise diese Erziehung kostete mich viele bittere Jahre, bis ich endlich zu mir selber fand.
Als Mutter ist es für mich ein Hauptanliegen, meinen Kindern beizubringen, sich selbst zu lieben, egal ob mit dickem Bauch oder Fehlern. Bei Missgeschicken oder Fehlern sage ich immer: „Das nächste Mal weißt du es besser. Es macht nichts."
Im Übrigen sage ich das auch meinem Mann. Es ist verblüffend, wie schnell alle lernen, wenn sie nicht so viel Druck verspüren, zudem kann ich dadurch Selbstbestrafung oder Ähnliches unterbinden. Etwa Solches: „Du musst es besser können. Ein Versagen ist nicht akzeptabel!" Bei mir schon. Es weht ein weitaus positiverer Wind in unserem Haus. Auch kann ich mir so besser vergeben, wenn ich den Alltag nicht perfekt meistere.

Als Kind hatte ich lange Zeit keine Freunde, erst in der fünften Klasse entwickelte sich so etwas wie Freundschaft. Mit Mäd-

chen habe ich mich selten verstanden, lieber spielte ich mit den Jungen Fußball oder raufte mit ihnen, da gab es wenigstens klare Regeln, daran konnte ich mich besser orientieren. Auch erst relativ spät zog ich mich wie ein Mädchen an und empfand mich als solches.
Durch meine sportlichen Erfolge war ich bei den Jungen auch eine Persönlichkeit, bei Mädchen gilt der sportliche Erfolg nur bedingt.
Nach Hause ging ich nie gern – solange ich mich erinnern kann. Nach Klassenfahrten musste ich immer von den Lehrern überredet werden, wieder nach Hause zu gehen, später übernahmen diese Rolle meine vielen Freunde. Zu Hause herrschten immer Drill und Langeweile.
Und da war auch meine Schwester. Sie war immer allein, hatte keine Freunde und wurde auch immer mehr verbittert. Ich teilte ein Zimmer mit ihr. Was furchtbar war. Ich schlief gerne lange und igelte mich ein. Meine Schwester aber dachte immer, ich wäre nur für sie da, wenn ich nach Hause kam. – Das erinnert mich gerade an meine Kinder, kleine Kinder haben solche Anwandlungen.
Ständig drängte sie sich auf, wollte meine beste Freundin sein, fragte mich ständig, ob ich sie lieb habe, hatte total überzogene Erwartungen, die sie auf mich bezog.
Ihre Qualen, den Ärger mit den anderen Kindern, alles erzählte sie immer mir, weinte dabei ganz fürchterlich und wollte getröstet werden.
Ich mochte ihre Nähe nicht und in den Arm nehmen wollte ich sie auch nicht. Das war die Aufgabe meiner Mutter. Aber diese dachte nicht daran. Ich war immer ihr Lieblingskind, aber ich wollte es gar nicht sein. Auch ihre körperliche Nähe konnte ich nicht ertragen.

Meine Schwester hatte es wirklich nicht leicht. Allein ihrer Körpergröße von 1,46 m hatte sie den Umstand zu verdanken, dass sie ständig angeschaut wurde. Es wurden Witze gerissen auf ihre Kosten, sie wurde für einen Jungen gehalten und so weiter. Es war schlimm. Ihr Selbstwertgefühl war gleich null und so benahm sie sich auch, machte sie abhängig von den Reaktionen der anderen. Dabei war es egal, was sie selber tat, wenn die anderen sie nicht genügend beachteten. Damit zog sie noch mehr Spott auf sich.
Es war ungerecht, das empfand ich schon immer. Ich beschützte sie schon, so gut ich konnte. Aber das war ihr nie genug. Ich konnte doch für all das nichts. Aber sie sorgte dafür, dass ich glaubte, nur ich könnte es ändern. Sicher wusste sie es auch nicht besser. Sie ist zwei Jahre älter als ich.
Solange ich denken kann, musste ich auf sie aufpassen oder überallhin mitnehmen. Ich wurde dazu gezwungen. Ich tat es selten freiwillig. So war auch ich verbittert.
Da sie einsam war, klebte sie wie eine Klette an mir, egal wie ich mich ihr gegenüber benahm. Ein gutes Verhältnis kam nicht und konnte so auch nicht zustande kommen.
Dadurch, dass ich sie immer beschützte und mich mit jedem anlegte, galt ich bald als cool und bekam Respekt.
Im Übrigen geht es mir heute oft noch so. Autoritäten kann ich schwerlich anerkennen und anlegen tue ich mich auch mit jedem, wenn ich oder meine Kinder falsch behandelt werden. Am negativsten nehme ich Menschen wahr, die Respekt wollen für ein Amt oder ihr Alter und mich wie ein kleines Mädchen behandeln, mir sagen, was ich tun soll, vor allem mit Julie. Es ist schlimm, was ich mir schon alles anhören musste. Mit der Zeit bin ich aber gelassener geworden und verweise die Menschen ruhig und bestimmt darauf, dass ich selber weiß, was am besten ist – vor allem für meine Familie. Ab und

zu kommt mein altes Ego aber doch noch durch. Ich arbeite daran. Mit dem Alter werde ich auch weiser und das Gefühl gefällt mir.
Meine gewonnene Anerkennung in der Kindheit tat meiner Schwester weh, tat sie doch selber so viel dafür. Und ich bekam sie ausgerechnet dafür, dass ich sie beschützte, was für eine ältere Schwester auch nicht leicht ist. Aber auch das ist eine Sache, die ich geleistet habe, so gut ich konnte, aber es genügte mal wieder nicht.
Meine Schwester wurde irgendwann mal richtig wütend auf mich. Ich war größer, schöner, beliebter, cooler und im Sport auch erfolgreicher. Alles das, was sie wollte. Doch dafür konnte ich nicht viel. Das hat sie nie verstanden.
Als ich mit den Zwillingen schwanger war, bestand ich auf einen DNA-Test, ich hatte Angst, ein behindertes Kind zu bekommen. Der Genetiker befand durch einen Test meine Gene hundertprozentig in Ordnung.
Meine Chance, mit 26 Jahren ein behindertes Kind zu bekommen, lag bei 1:3500. Nun, diese Chance habe ich wohl genutzt ...
Ich brachte zweieiige Zwillinge zur Welt, wobei die eine das Down-Syndrom hatte und die andere nicht. Es herrschte helle Aufregung im Krankenhaus. Die Behinderung wurde bei der Feindiagnostik übersehen und das vom Chef persönlich, außerdem noch bei einer so jungen Frau und bei Zwillingen. Das war für alle schwer zu verstehen.
Die Diagnosevermittlung fünf Tage später war ein Schock.
Warum ausgerecht ich? Das Kind hätte meine Schwester bekommen sollen, nicht ich. Aber sie bekam einen gesunden Jungen. Außerdem sah Julie ihr auch noch verdammt ähnlich. Ich tobte.

Die Schwestern im Krankenhaus wollten mich beruhigen, andere hätten es doch viel schlimmer und außerdem hätte sie doch noch eine Schwester. Ich empfand es als absolute Frechheit.
Was gingen mich die anderen Leute an und würde es Alisa auch so toll finden, eine behinderte Schwester zu haben, wie Julie es toll finden würde, eine nicht behinderte Schwester zu haben?
Mir tat Alisa leid – blühte ihr jetzt das gleiche Schicksal wie mir?
Das wollte ich auf keinen Fall zulassen.

Nachdem ich auf schlechte Beiträge über das Down-Syndrom gestoßen war und die Selbsthilfegruppe nur noch Panik in mir auslöste, nahm ich das nächste Buch über DS erst eineinhalb Jahre später zur Hand. So nahm ich sie als meine Tochter wahr und nicht als Behinderte an sich. Und ich setzte mich dadurch zugleich auf meine Weise mit ihrer Behinderung auseinander.
Das ist oft nicht einfach. In keinerlei Hinsicht.
So stellen mich die Behinderung unserer Tochter und die damit verbundenen Probleme und Verstrickungen oft vor persönliche Grenzen – physisch und psychisch.
Doch bin ich auch nach unserer dritten Tochter recht schnell körperlich fit geworden. Mir macht niemand etwas vor. Weil ich so schnell und aufmerksam geworden bin, habe ich einmal ein kleines Mädchen vor einem Auto weggezogen, während die Mutter nicht zu einer Reaktion fähig war.

Alisa ist ein tolles Mädchen. Sozial kompetent, intelligent, kreativ und offen. Dafür hat sie aber auch besondere Probleme. Ihnen liegen bestimmte Ereignisse zugrunde.

So strangulierte Julie sich mit einem Schal vor den Augen ihrer Zwillingsschwester. Alisa rief nach mir um Hilfe, weil sie den Schal nicht aufbekam. Julie unterdessen war schon blau und verstand überhaupt nicht, warum sie keine Luft bekam. Während Julie solche Ereignisse fast auf der Stelle vergisst, fressen sie bei Alisa kleine Narben auf die Seele. Mit fünf Jahren kann sie diese Erlebnisse auch nicht richtig verarbeiten. Ich gebe mir viel Mühe, ihr dabei zu helfen.
Nachdem ich Julie so weit versorgt hatte, nahm ich Alisa in den Arm und sagte zu ihr: „Es tut mir leid mein Schatz, dass du das alles mitbekommst. Solche Sachen solltest du nicht sehen."
Es mag für manche krass klingen, aber Julie vergisst es eben wieder, Alisa und Meira nicht. Solche Sachen können tiefe Wunden hinterlassen, zumal das nur ein Ereignis von vielen ist. Inwieweit Meira das ganze Ereignis wahrgenommen hat, weiß ich nicht. Aber auch bei ihr bin ich wachsam.
Es gibt verschiedene Reaktionen auf meine Kinder. Julie löst entweder Sympathie oder Abwehr aus – eine Reaktion dazwischen gibt es nicht. Die einen schauen sie an wie ein Monster, andere nehmen sie einfach auf den Arm und schmusen mit ihr, ob sie das nun möchte oder nicht.
Beide Reaktionen lösen eine Antwort aus, die wohl am ehesten an das Verhalten einer Tigerin erinnert. Ich kämpfe bei Julie vor allem um Achtung. Achtung als Mensch mit Behinderung.
Sie sollte mit ihren Gefühlen ernst genommen werden. Niemand sollte ohne ihr Einverständnis mit ihr kuscheln. Niemand sollte sie auf ihre Grundbedürfnisse reduzieren. Jede Kleinigkeit, wie zum Beispiel fremden Leuten die Hand geben, ist hart erarbeitet bei Julie.

Alisa wird selten als solche wahrgenommen, die sie wirklich ist. Sie ist sehr clever, stark und intelligent auf der einen Seite, auf der anderen ist sie sehr sensibel. Kleine Bemerkungen können sie schon enorm verletzen.

Alisa ist sehr redefreudig und zuweilen frech, was ihr, gekoppelt mit Ängstlichkeit, ja Schüchternheit, oft eine Abwehrhaltung einbringt. Das tut mir oft sehr weh.

So hat Alisa, wenn sie auf eine bestehende Gruppe neu hinzustößt, oft große Probleme, ja ich würde sagen, dass sie diese Probleme geradezu magisch anzieht. ‚Opferhaltung' ist hier wohl der richtige Ausdruck.

Das fiel mir erst auf, als die ersten Probleme in den Kindergärten auftauchten. In ihrem ersten Kindergarten waren die Zwillinge in jeweils getrennten Gruppen mit integrativen Plätzen untergebracht.

In den ersten Tagen hatte sie das Pech, von einem sechsjährigen Jungen (Integrativplatz) sozusagen als Spielball benutzt zu werden. Ich redete mit den Erzieherinnen, aber sie wiegelten das ab, weil die integrativen Kinder besonders beschützt wurden. Ich redete mit dem Jungen, ebenso mein Mann, aber das machte alles nur noch schlimmer.

In ihrer letzten Zeit in diesem Kindergarten ist sie einem Ausländerjungen (auch diese wurden besonders geschützt) als williges Opfer aufgefallen. Sie rannte weg, versuchte sich zu wehren, aber das erhöhte den Spielreiz. Dieser Junge spielte den Irankrieg zusammen mit zwei anderen Jungen mit meiner Tochter nach. Ich kam einmal durch einen Zufall hinzu. Alisa war völlig aufgelöst und panisch. Die Erzieherin wiegelte auch hier wieder ab, es wäre doch nur ein Spiel. Sie sollte weglaufen. Das öffnete mir die Augen und auch hier ging ich bis zur Chefin. Julie hatte auch da keinen guten Stand, die Verletzungen mehrten sich.

Ich war froh, als wir beschlossen umzuziehen. Und nach einer weiteren schweren Entscheidung beschloss ich, Julie in einen Kindergarten für geistig Behinderte zu geben. Die erste Zeit war für uns alle schwer, besonders aber für Alisa. Sie freute sich auch über den Umzug und wollte gleich neue Freunde finden. Nur leider war sie auch hier zu offen, fast etwas aufdringlich. Die Folge war, dass die großen Mädchen im Dorf sie bespuckten. Alisa versuchte, es allein zu klären, aber die anderen waren zu übermächtig und ließen sie einfach nicht in Ruhe. Sie bat mich um Hilfe und ich redete mit ihren Erzieherinnen. Diese wiederum nahmen das Ganze ernst und nach einigen Wochen fand sie tatsächlich Freundinnen unter den großen Mädchen. Und wenig später wurde sie von allen akzeptiert. Da war ich sehr froh darüber.

Seit dieser Zeit geht es bergauf mit Alisa, sie entwickelt mittlerweile ein feines Gespür für Kinder. Ihre Freunde sind sehr unterschiedlich. Das finde ich prima.

Ich bringe meinen Kindern bei, sich selbst zu lieben. So habe ich Alisa gesagt, dass sie sich einen Spiegel suchen soll, wenn die anderen sie ärgern, und zu ihrem Spiegelbild sagen soll: „Ich habe dich lieb. Genauso wie du bist!“ Es hat funktioniert, sie lässt sich nicht mehr so schnell ärgern.

Ich gebe mir auch viel Mühe, meinen Kindern beizubringen, auf ihr inneres Gefühl zu hören und nicht unreflektiert Gesagtes von anderen Leuten zu übernehmen, egal ob es eine oder mehrere Personen sind.

Das betrifft auch den Glauben. Alisa erzähle ich etwas über alle Religionen und sage ihr, dass es wichtig ist, etwas darüber zu wissen, warum zum Beispiel welche Feiertage stattfinden. Aber gleichzeitig sage ich ihr, dass sie im Kindergarten nicht beten muss, wenn sie nicht möchte. Wir glauben an uns selber und dass wir alles erreichen können, wenn wir wollen.

Wichtig sind der Glaube an uns selber und der Zusammenhalt unserer kleinen Familie.

Alles in allem bleibt auch nach fünf Jahren noch die Frage: „Warum ich?“
Ich habe für mich meine Antwort gefunden. Ich glaube nicht an den Himmel, aber an die Seele der Verstorbenen und Geborenen. Julie hat sich eine Mutter ausgesucht, die sie beschützt und liebevoll erzieht, nicht ausnutzt, abschiebt oder der sie egal ist oder die sie nicht annehmen möchte.
Ich versuche, sie bestmöglich zu integrieren wie die anderen Kinder auch. Eine Sonderstellung bekommt sie nur aufgrund ihrer Behinderung, in der Hinsicht, dass sie viele Sachen nicht kann oder versteht.
Aber noch eine Antwort auf die Frage „Warum ich?“ habe ich gefunden. Die Konflikte mit einer Behinderung habe ich mit meiner Schwester nicht lösen können, aber mit Julie und meinem Mann arbeite ich an einer Lösung. Weglaufen zählt nicht. Alles holt dich irgendwann wieder ein.

Ein Tag mit Julie

Julie wurde am 25. März 2001 als zweites Zwillingsmädchen mit dem Down-Syndrom geboren und ist heute fünfeinhalb Jahre alt.
Unser Tag fängt um halb sieben an, wenn Julie von mir geweckt wird. Zumeist ist Wecken aber nicht vonnöten, da Julie zuverlässig zwischen fünf und halb sechs an unserem Bett steht.
Geweckt werden muss sie, wenn sie in der Nacht gegen zwei wieder auf ‚Abwege‘ geht. Das heißt, sie irrt im Haus herum

und schreit dann plötzlich ein Stockwerk tiefer total verzweifelt und irritiert, weil sie nicht versteht, dass es dunkel ist und sie niemanden von ihrer Familie findet. Sie ist dann leider so munter, dass es ungefähr zwei Stunden dauert, bis sie wieder einschläft. Alleine schafft sie das nicht, das heißt, ich muss sie mit Streicheleinheiten und leisem Singen dazu bewegen. Vorher, fast zuverlässig gegen elf Uhr, muss ich allerdings ihr Bett neu beziehen, da sie ihre Windel selber aufmachen und sich auch ausziehen kann. Sie findet ihren Kot sehr interessant und beschmiert ihren Körper und das Bett damit. Ich habe keine Ahnung, warum sie das noch immer macht, denn in ihrem Mund sind auch Spuren zu finden und sie erbricht, weiß aber auch hier nicht warum.
Morgens ist sie oft schlapp, aber in Absprache mit ihren Erzieherinnen im Kindergarten bringe ich sie in ihre Gruppe in der Hoffnung, dass ihre nächtlichen Gepflogenheiten einmal ein Ende finden. Allerdings kann sie oft auch nicht mal auf zwei Beinen stehen wegen ihrer Muskelhypotonie. Wenn Julie gestresst oder unausgeschlafen ist, dann zeigt sie es neben schrillen Schreien durch sehr schlaffen Muskeltonus. Wegen dieser Art von Stressverhalten waren wir mit ihr beim Arzt und haben auch ihr Blutbild durchchecken lassen, denn auch die Ärztin konnte sich diese Art von Symptomen nicht anders erklären, als dass sie sehr krank sei. Aber diese Untersuchung hat nichts Auffälliges ergeben.
Das Ausziehen klappt mit einfachen Kleidungsstücken ganz gut, aber sobald enge Öffnungen, Knöpfe oder andere Arten von Accessoires vorhanden sind, benötigt sie Hilfe.
Das Anziehen hingegen klappt nicht so gut, da sie alle Sachen durcheinander bringt und zum Beispiel versucht, die Hose über den Kopf zu ziehen. Die Zahnbürste wird von ihr zerbissen, sodass sie jede Woche eine neue bekommt. Allein das

Zähneputzen ist recht anstrengend, da die Koordination schlecht ist und sie sich den Stiel oft in den Rachen steckt. Auch hier wiederum benötigt sie Anleitung und Hilfe durch ständige Aufforderung, dabei zu bleiben, ihr den Vorgang genau zu beschreiben und am Ende dann zu putzen. Da Julie ihrer Zwillingsschwester alles nachmachen möchte, hat es keinen Sinn, sie davon abzubringen, es selber zu versuchen, und es wäre auch der Selbstständigkeitserziehung nicht dienlich, die bei uns als sehr wichtig erachtet wird.
Sitzt Julie am Frühstückstisch, hat sie ihren Platz rechts von mir und links von meinem Mann. So sind wir jederzeit in der Lage, ihr zu helfen und sie auch körperlich dabei zu unterstützen, selbstständig zu essen und auch die Nahrungszubereitung zu erlernen.
Wir müssen darauf achten, dass die Gegenstände auf dem Tisch außerhalb Julies Reichweite sind, da diese sonst verschüttet und hinunter gestoßen werden.
Alles wird verbal begleitet, sodass Julie endlich lernt, etwas zu sprechen. Sie hat im Laufe der Zeit ihre eigene Sprache entwickelt und ist schwer davon zu überzeugen, die unsere zu sprechen. Deswegen bekommt sie mittlerweile von der Logopädin des Kindergartens zwei Mal wöchentlich Sprachtherapie. Wenn Julie einen Termin versäumt wegen ihrer hohen Fehltage, die wegen ihrer HNO-Anfälligkeit zustande kommen, dann vereinbare ich mit ihrer Therapeutin einen Zusatztermin, der mittlerweile fast regelmäßig am Donnerstag stattfindet, damit sie fachspezifische Förderung erhält. Somit werde auch ich gut von der Therapeutin angeleitet und es schlägt sich in Fortschritten nieder. Das erfreut uns sehr.
Julie ist sehr langsam, aber ich bestehe darauf, dass sie etwas zu sich nimmt, damit sie genug Kraft für den Tag hat. Sie isst kleinere Portionen und trinkt aus einem Becher, der sehr

oft verschüttet wird. Auch hier ist es wichtig, sie nicht aus den Augen zu lassen, da sie oft den Tisch verlässt und verschwindet. Ihr schmutziger Mund und die Finger werden dabei überall abgewischt, so dass gereinigt werden muss.
Nach dem Essen ist das Umziehen mittlerweile schon Routine, auch wegen ihres fehlenden Mundschlusses.
Das Anziehen erfolgt unter Anleitung und Hilfestellung. Ist sie einmal angezogen, dann kann ich sie auch keine Minute aus den Augen lassen, da sie sich blitzschnell wieder auszieht, besonders gerne die Schuhe, in jeder Situation übrigens. Julie stranguliert sich regelmäßig mit Ihren Sachen, wobei sich mir die folgende Situation ins Gedächtnis gebrannt hat. Ich musste dringend auf Toilette und kaum war ich eine Minute weg, da haben ihre Schwestern gerufen. Ihre Zwillingsschwester war total geschockt und zeigte nur auf Julie, die mittlerweile blau angelaufen war. Sie hatte ihren Schal zugezogen und verstand nach der Öffnung nicht, warum sie keine Luft mehr bekommen hatte. An solchen Tagen lasse ich sie zu Hause, um abschätzen zu können, ob sie Schäden davongetragen hat, gegebenenfalls gehen wir zum Arzt.
Julie schlägt auch wahllos auf ihre Schwestern ein, am liebsten mit verschiedenen Gegenständen.
Besonders ihre kleine Schwester Meira ist sehr verängstigt, weil sie immer damit rechnen muss, dass Julie ihr weh tut. Eine Gehirnerschütterung für beide Schwestern war bis jetzt die schwerste Folge, die sie davongetragen haben. Und trotz aller Mühe es zu verhindern, findet Julie doch immer wieder eine Möglichkeit zu schlagen, was natürlich auch zur Folge hat, dass die Schwestern sich nichts mehr gefallen lassen wollen. Beide sind jedoch sehr verständig, ungewöhnlich für ihr Alter. Doch ich gehe offen mit Julies Behinderung um und erkläre ihnen verschiedene Verhaltensweisen und Vorgänge.

Am Wochenende bekommen sie dann jeweils eine extra Zeit mit ihrem Papa, damit auch auf sie individuell eingegangen wird, denn der gesamte Tages- und Wochenplan ist auf Julies Behinderung und ihre Probleme abgestimmt.

Um 13.30 Uhr hole ich Julie vom Kindergarten ab. Es ist eine Sonderregelung für Julie, denn sie ist offensichtlich mit den Anforderungen total überfordert.
Julie schläft augenblicklich in ihrem Kindersitz im Auto ein, wacht zwei Stunden später auf und schreit viel, ist irritiert und benimmt sich sehr verwirrt.
Sie schreit und schimpft, setzt sich in die Ecke und weint, als ob etwas Schreckliches passiert wäre. Sie kotet ein und uriniert viel und überall hin, vor allem im Kinderzimmer.
Dann heißt es für mich, den Fußboden reinigen. Das geht aber erst richtig, wenn mein Mann nach Hause kommt.
Auch die Treppe kann ich Julie nicht alleine hinuntergehen lassen, ständig muss ich aufpassen, da sie schon hinunter gestürzt ist. Eine Begrenzung hat überhaupt keinen Sinn, leider auch nicht für das Bett, denn Julie besitzt überhaupt kein Empfinden für Gefahr und kann zudem überall hoch klettern. Aus der Höhe lässt sie sich dann einfach fallen. Also, muss ich sie so oder so jede Minute beaufsichtigen.
Außer Haus nehme ich sie unter ihrem großen Protest an die Hand, denn mit der Zeit ist sie sehr schnell geworden und macht auch vor der Straße keinen Halt.
Julie braucht fünf bis sechs Mahlzeiten pro Tag. Sie wiegt 14 Kilo und isst nur schwerlich. Nach jedem Essen putzen wir ihre Zähne, weil viele Essensreste noch an ihren Zähnen haften bleiben.
Um fünf Uhr bekommt sie ihr Abendessen, was immer nach derselben Prozedur abläuft. Verbale und körperliche Hilfe bei

der Zubereitung und Zerkleinerung. Dazu kommen Benennung und Beschreibung aller mit dem Essen zusammenhängenden Dinge.
Ihre mundmotorischen Übungen werden sozusagen in jeder freien Minute durchgeführt. Vor dem zu Bett gehen bekommt sie noch eine Mahlzeit, damit sie nachts keinen Hunger bekommt.
Es ist sehr schwer, Kontakt für mich und meine Kinder zu knüpfen, da Julie viel und schrill schreit. Sie weigert sich häufig zu laufen beziehungsweise Kooperationsbereitschaft in einem noch so kleinen Sinn zu zeigen. Die Menschen sind abgeschreckt und haben kein Verständnis dafür, wenn Julie auf andere Kinder losgeht, sie schubst, mit Sand überschüttet oder haut. Ich kann auch die anderen verstehen, aber Julie ist meine Tochter und ich möchte sie in die Gesellschaft integrieren.
Am Wochenende gehen wir zum therapeutischen Reiten, wobei ich auf die Hilfe meines Mannes angewiesen bin, da ich es alleine nicht schaffe, Julie zu bändigen und halbwegs still zu halten.
Julie schreit oft unmotiviert und haut um sich und schimpft oft so sehr, sodass selbst Therapiepferde nervös werden.
Der Alltag mit Julie ist sicher nicht einfach, trotz allem versuchen wir, so gut es geht, Julie in die Familie und in die Dorfgemeinschaft zu integrieren.
Es ist für uns keine Lösung, Julie in den Fahrtdienst zu geben oder bei Bekannten und Nachbarn abzugeben, da Julie große Schwierigkeiten hat, sich in fremder Umgebung zurechtzufinden und sich auf neue Situationen einzustellen. Sie ist da wenig flexibel.
Urlaube sind für uns keine Erholung. Julie braucht feste und starre Regelungen, dann kann sie sich zurecht finden. Sobald

andere Menschen ihr zu nahe kommen und ihrer eigenen Auffassung nach behandeln, dann ist unser ganzer Tagesplan dahin, weil sie sich dadurch nicht orientieren kann und schnell verstört ist.
Im Kindergarten nimmt Julie an keinen Aktivitäten außerhalb ihrer kleinen Kindergartengruppe teil. Keine Freizeit, Übernachtungen oder Ausflüge. Sie verkraftet diese Veränderungen nicht. Sobald eine Kleinigkeit geändert wird, reagiert Julie mit totaler Irritation darauf und wir müssen sie an den ganzen Alltag von neuem gewöhnen.

Franziska, 32 Jahre

Leben passiert

Ich heiße Claudia und bin 35 Jahre alt. Ich bin die Älteste in einer Familie mit ursprünglich fünf Kindern, drei Mädchen und zwei Jungen. Eine meiner Schwestern ist im Mai 2002 im Alter von 27 Jahren plötzlich gestorben, sodass wir jetzt noch vier Geschwister sind. Guido ist der dritte in der Geschwisterreihe, 32 Jahre alt und hat das Down-Syndrom. Er arbeitet in einer Werkstatt für Menschen mit Behinderung und wohnt noch als einziges Kind zu Hause bei unseren Eltern.

Ich lebe mit meiner dreijährigen Tochter in Kiel und bin Diplom-Pädagogin. Ich arbeite im Mutter-Kind-Bereich einer großen Einrichtung der Behindertenhilfe. Dort begleite ich Mütter und deren Kinder, die aufgrund einer Lern- oder geistigen Behinderung oder einer psychischen Erkrankung nicht mit ihrem Kind alleine leben können. Gerade im Lebensalltag der in der Regel nicht behinderten Kinder sind manche der Fragen anzutreffen, die sich auch Geschwister von behinderten Kindern stellen, nur auf einer anderen Ebene – der Elternebene. Das ist wohl ein Aspekt, warum ich gerade in diesem Bereich so gerne arbeite.

Dass ich mit Menschen und vor allem mit Menschen mit Behinderung arbeiten wollte, war mir seit dem Schulabschluss klar und hängt sicher mit der Prägung durch meine Familie zusammen.

Bei der Beschäftigung damit, wie mein Beitrag werden könnte, habe ich in dem ersten Geschwisterbuch „Ich bin doch auch noch da“ geblättert. Beim Anblick der Bilder, beim Lesen einzelner Textpassagen war es gleich wieder da, dieses intensive Gefühl, das fast unmittelbar mit Beginn eines Seminars auf die TeilnehmerInnen und MitarbeiterInnen überspringt, eine Offenheit, ein Gefühl von „Hier gehöre ich hin, hier ist mein

Platz“ – wie ich es bis jetzt eigentlich noch auf jedem Seminar gespürt habe. Mal dauert es länger, mal kommt es schneller – aber irgendwann ist es da. Und ich merke, dass ich mich nach diesem Gefühl sehne, dass es etwas ganz Besonderes ist, dieses Gefühl entstehen zu lassen, und als Grundlage dafür den Raum zu schaffen, damit es entstehen kann.
Ich war viele Jahre, von 8 – 18 Jahren, Teilnehmerin auf Geschwisterseminaren und durfte dieses Gefühl, die Möglichkeiten der Auseinandersetzung, des sich ‚nicht alleine fühlen' in mir aufnehmen. Der Ort, an dem die Seminare über Jahre kontinuierlich stattgefunden haben, ist mein zweites Zuhause gewesen, manchmal sogar wichtiger als mein richtiges Zuhause. Jetzt, als Mitarbeiterin, bin ich diejenige, die ‚gibt', die dazu beiträgt, dass dieses Gefühl der Zusammengehörigkeit entstehen kann. Andere Geschwisterkinder sollen auch die Möglichkeit haben, ähnliche Erfahrungen zu machen, wie ich sie als Kind und Jugendliche machen konnte. Dass ich dazu meinen Teil beitragen kann, macht mich dankbar und zufrieden. Ich weiß aus eigener Erfahrung, wie wichtig es sein kann, Gesprächspartner zu haben, die ohne viel nachzufragen, verstehen.
Ich habe einen Bruder mit Down-Syndrom, der recht selbstständig ist und in meiner Kindheit meist so ‚genervt' hat wie meine anderen Geschwister auch. Manchmal waren die für mich viel schwieriger auszuhalten als das eigentliche ‚Problemkind' in der Familie. Meine Sorgen und Probleme mit meinem behinderten Bruder kamen mir während der Seminare teilweise klein vor im Vergleich zu den Geschwistern, die schwerstbehinderte Geschwister zu Hause hatten. Und trotzdem war das, was ich zu erzählen hatte, genauso wichtig. Nichts wurde bewertet.

Als ich in die Rolle der Mitarbeiterin gegangen bin, meine Perspektive gewechselt habe, ist mir aufgefallen, was ich in den vergangen Jahren alles bewältigt und geschafft habe. Mir war aber auch immer klar, dass ich noch nicht ‚fertig' bin, dass ich noch Aufgaben zu bewältigen habe.
Ich bin als Mitarbeiterin auf Lebensschicksale von Kindern getroffen, die mich sehr berührt haben und die ich mir für mich selber nie gewünscht hätte. Aber Leben passiert und so war ich auf einmal – als Erwachsene – Schwester eines, wenn auch nicht behinderten, verstorbenen Geschwisterkindes und die Kinder, MitarbeiterInnen, Marlies und Charlotte waren da und haben mit ausgehalten.
Ich bin als Mitarbeiterin Teil einer Geschwistergruppe und Kinder erzählen von ihren getrennten Eltern – und ich sehe meine Tochter in einer ähnlichen Situation, ich sehe mich als allein erziehende Mutter.
Ich fühle viel Kraft in mir, diese meine Lebenssituation zu meistern, mich zu stellen und nicht wegzulaufen. Das Durchhaltenwollen und -können, mir Fragen zu stellen und nach Antworten zu suchen, schwierige und ungewollte Lebenssituationen erstmal anzunehmen, wie sie sind, und nach Veränderungen zu suchen, die aus mir selber kommen und ganz wichtig: Meine eigene Kraft zu spüren und auf sie zu vertrauen. Das alles sind Werte, die mir durch die Seminare vermittelt worden sind und die immer wichtig bleiben werden.
Irgendwann kam bei mir der Zeitpunkt, wo die Auseinandersetzung mit meinem behinderten Bruder, mit den Fragen, die dabei auftauchen, in den Hintergrund getreten ist. Dafür kamen neue Fragen, neue Auseinandersetzungen, die aber immer auch wieder bei den Fragen der heutigen Geschwisterkinder anknüpfen, weil deren Sorgen und Probleme allumfassender geworden sind. Deshalb habe ich immer noch das

Gefühl, meinen Teil dazu beitragen zu können, dass Geschwister von behinderten Kindern einen Raum haben, in dem sie auf Menschen treffen, die ganz und gar ihnen zugewandt sind. Menschen, die bereit sind, Antworten auf Fragen zu suchen und zu finden, oder Menschen, die mit aushalten, dass es manchmal auch keine Antworten auf Fragen gibt.

Claudia, 35 Jahre

Ein ockergelbes Reihenhaus
oder
Wie es für mich in den 70er Jahren war, mit Jan zusammen aufzuwachsen

Als Jan geboren wurde, war ich bereits dreieinhalb Jahre alt und man schrieb das Jahr 1975. Jan wurde in eine ‚perfekte' Familie mit Vater, Mutter und einer Tochter hineingeboren. Wir lebten in einem ockergelben Reihenhaus in einem kleinen Ort vor den Toren von Augsburg. Meine Mutter konnte nach der Geburt ihrer Kinder zu Hause bleiben und mein Vater hatte eine sichere Arbeitsstelle als Angestellter. Eigentlich eine ganz normale Familie.
Bis auf die Tatsache, dass die Wurzeln unserer Familie auf zwei Kontinenten liegen. Mein Vater wurde in Meißen bei Dresden geboren. Er verlor seinen Vater im Zweiten Weltkrieg und ging nach dem Krieg mit seiner Mutter zurück nach Augsburg, wo ihr ursprüngliches Zuhause war. Schon früh musste sich mein Vater selbstständig durch den Alltag durchbeißen, da meine sehr früh verwitwete Großmutter wieder arbeiten gehen musste. Mein Vater kam zunächst ins Internat, später besuchte er die Schule in Augsburg und machte danach eine Lehre. Seit jeher beschäftigte er sich mit geschichtlichen Themen, manchmal, wie ich meine, auf der Suche nach seinem sehr früh gefallenen Vater. Jenen Vater, den er bei der Ahnenforschung schon längst gefunden, den er aber nie wirklich gekannt hatte.
Die Wurzeln meiner Mutter liegen in Indonesien, wo sie geboren wurde. Sie war niederländischstämmig, gehörte in Indonesien aber zu der Volksgruppe der ‚Indischen', die sich mit ihrer dunklen Hautfarbe von den weißen Niederländern in Indonesien abhoben. Wenn man sich vorstellt, dass Angestellte in

Indonesien noch in den 20er Jahren des 20. Jahrhunderts nicht nach ihrer Leistung, sondern nach ihrer Hautfarbe bezahlt wurden, ist es vielleicht nicht verwunderlich, dass mein Großvater seinen Kindern immer predigte, man müsse als dunkler Niederländer immer mehr leisten als ein Niederländer mit heller Hautfarbe. Meine Mutter stammt somit aus einer klassischen niederländischen Migrantenfamilie, die nach dem Zweiten Weltkrieg in die Niederlande kam. Alle Mitglieder waren mit der Muttersprache Niederländisch aufgewachsen, waren in Indonesien als Niederländer in Internierungslagern gewesen, sahen aber dunkel aus und wurden manchmal in den 50er Jahren auf der Straße in ihrer neuen alten Heimat, den Niederlanden, als ‚Erdnuss, Erdnuss, scheiß Chinese' beschimpft.
Meine Mutter passte sich an, machte eine Ausbildung als Krankenschwester und lernte in den 1960er Jahren auf einer Urlaubsreise meinen Vater kennen. 1966 wurde in Augsburg und Amsterdam geheiratet.
1971 war das ockergelbe Reihenhaus gerade fertig, als ich auf die Welt kam und dreieinhalb Jahre später mein Bruder Jan. Wie mir meine Mutter erzählte, hatten sich in der zweiten Schwangerschaftshälfte mit Jan wesentlich weniger Kindsbewegungen als üblich gezeigt und das Fruchtwasser war verfärbt. Als meine Eltern Jan mit den Worten „Den können Sie gleich hier lassen, der stirbt sowieso in den ersten zwölf Monaten!" von der Entbindungsstation mit nach Hause bekamen, veränderte sich schlagartig vieles ...
Die erste Erinnerung, die ich an das Leben mit Jan habe, ist, dass ich ihn nie halten oder herumtragen durfte. Ich durfte ihn nur nahe bei mir haben, wenn meine Mutter auch da war. Dazu musste ich mich erst einmal hinsetzen und Jan wurde so auf mir gelagert, dass auch bestimmt nichts passieren konnte.

Jan wurde mit dem Prader-Willi-Syndrom geboren. Ein Chromosomenabbruch am 15. Chromosom, der mit Hypotonie, einer schweren Sehbehinderung, Albinismus, geistiger Behinderung und der Neigung zur Fettleibigkeit einhergeht. Besonders mit seinem hellen, fast schneeweißen Aussehen stach Jan von Anfang an aus unserer Familie heraus. Meine Mutter und ich sind relativ dunkel und asiatisch aussehend, mein Vater braunhaarig und typisch mitteleuropäisch. Und dazwischen nun mein Bruder mit fast weißer Haut, zu Beginn entzückenden roten, inzwischen weißblonden Haaren.
Meine Eltern kümmerten sich aufopferungsvoll um Jan. Keine Therapie wurde unversucht gelassen, kein Weg in therapeutische Einrichtungen war zu weit. Beide versuchten, das Beste für Jan zu ermöglichen. Im Nachhinein habe ich teilweise den Eindruck, dass ich mit dreieinhalb Jahren nicht nur sozusagen ‚vom Thron' gestoßen wurde und ein Geschwisterchen bekam, sondern auch noch ein Orkan von Sorgen, Schmerzen, Therapiemethoden und gravierenden Veränderungen in meinem Alltag losbrach. Manchmal entstand in mir das Gefühl, dass ich neben dem Alltag meines Bruders und meiner Eltern her lebte, ohne Kontakt zu ihnen zu haben. Meine Eltern in ihrem Aktionismus sprachen nie von Jans Behinderung. Das Thema Behinderung wurde nicht thematisiert, es war selbstverständlich, dass Jan eben so war, wie er war, ein Austausch darüber fand nicht statt.
Vielleicht ist dieses Verhalten auch verständlich bei meinen Eltern, die beide von frühester Kindheit an schon auf das Funktionieren getrimmt waren.
Für mich war die Situation zu Hause teilweise sehr belastend. Vor allem das ‚Nicht darüber sprechen können' war ein Problem. Nach außen hin lief mein Leben normal weiter, ich hatte Freunde in unserem kleinen Dorf, verbrachte viel Zeit in deren

Familien und mit deren Geschwistern, da dort einfach mehr los war und wir uneingeschränkter spielen konnten.
Manchmal war es für mich – schon im Kindergartenalter – ersichtlich, dass Jan von anderen Erwachsenen und Kindern gemustert wurde. Manche schauten interessiert, manche blöd. Oft war mir dieses ‚angestarrt werden' sehr unangenehm und ich entwickelte schon früh eine Methode, die Leute vom ‚Glotzen' abzubringen. Ich glotzte zurück, bis dies dem anderen auffiel und er sich meist beschämt abwandte. Wie viel Überwindung das eine Sieben- oder Achtjährige kostet, brauche ich nicht zu erwähnen.
Ich bemerkte schon früh, dass Jan viele Dinge nicht so gut konnte wie die Geschwister meiner Freunde. Er begann spät zu laufen, konnte lange nicht sprechen und hatte immer wieder Wutanfälle – ein mögliches Symptom des Prader-Willi-Syndroms. Wenn sich Jan bei Spaziergängen durch unser kleines Dorf laut schreiend auf den Boden warf, in einem Alter, in dem dies Kinder normalerweise nicht mehr tun, wurde ein solcher Spaziergang für mich zum Spießrutenlauf. Es scheint mir, als hätten meine Eltern dieses Verhalten nur selten kommentiert oder mich zumindest entlastet, indem sie bestätigt hätten, dass Jans auffälliges Verhalten auch für sie belastend war. Es wurde so gut wie nie in meiner Kindheit darüber gesprochen und gerade dieses Schweigen belastete mich sehr.
Auf der anderen Seite genoss ich das Zusammensein mit Jan, wenn wir allein waren. Oft krabbelte ich zum ihm ins Bett, wenn er zum Beispiel sonntagmorgens Musik hörte oder Bilderbücher anschaute.
Oder Jan, klein, weiß, leicht birnenförmig, dick mit Sonnencreme eingeschmiert, mit Schwimmflügelchen versehen, im Wellenbad treibend und ich ihn an den Händen haltend, auf die nächste Welle wartend ... Sein Lachen, sein Blick zu mir in

vollstem Vertrauen, dass ich ihn nicht loslasse und sein Strahlen. Dies ist eine der schönsten Erinnerungen meiner Kindheit mit ihm.
Kindliche Konkurrenz ausleben oder streiten mit ihm durfte ich eigentlich kaum. Einerseits bemerkte ich selbst, wie belastet meine Eltern mit Jan waren, deshalb wollte ich ihnen nicht auch noch zur Last fallen. Andererseits wurde ich immer als ‚die Ältere', ‚die Vernünftigere' bezeichnet und spürte all die Erwartungen und Hoffnungen, die meine Eltern in mich legten. Meine Eltern hofften, dass wenigstens bei mir alles glatt laufen würde. Wenn ich Probleme hatte, fühlte ich mich manchmal von ihnen abgeschoben. So musste ich eine schwere Bronchitis im Kindergartenalter bei meinen Großeltern auskurieren, um Jan nicht anzustecken. Von außen gesehen vielleicht keine dramatische Tatsache. Meine Großmutter und ihr Lebensgefährte wohnten in der Nähe. Bei ihnen hatte ich schon immer ein sehr liebevolles Zweitzuhause. Aber ich fühlte mich in dieser Situation dennoch abgeschoben, umso mehr, als zu dieser Zeit meine Tante und mein Cousin aus den Niederlanden zu Besuch waren und ich durch meinen Verbleib bei meinen Großeltern so viel zu Hause zu verpassten glaubte.
Gefühle wie diese konnte ich lange Zeit nicht zulassen, geschweige denn meinen Eltern gegenüber äußern. Selbst heute, wenn ich darüber schreibe, sagt mir mein Kopf sofort, dass es nicht anders möglich war und versucht, diese Gefühle zu unterdrücken.
Jan wurde viele Jahre intensiv therapeutisch betreut. Meine Eltern waren viel mit ihm unterwegs. Teilweise wurde ich in Jans Therapien miteinbezogen. So erhofften sich meine Eltern von mir, als ich ungefähr 16 Jahre alt war, dass ich auch einige physiotherapeutische Übungen mit Jan machen würde. Meine Eltern und ich lösten uns ab. Es waren zwar immer nur

kurze Übungseinheiten, aber ich wollte lieber so sein wie meine Freundinnen und mich nicht therapeutisch mit meinem Bruder ‚herumschlagen'. Zudem wurde mein Einsatz mit Jan in meiner Familie als selbstverständlich genommen und nicht weiter gelobt.
Jan benötigte immer jemanden zur Betreuung. Das erforderte, dass meine Eltern und ich uns immer absprachen, wer bei Jan bleiben musste und wer weggehen konnte. Die bange Frage „Wer darf am Samstag weggehen?" stand meistens im Raum und ein spontanes ‚Eingeladenwerden' bei Freunden konnte ich nur wenig genießen, da dies ein erneutes Absprechen erforderte. Der jugendlichen Spontaneität waren hier klare Grenzen gesetzt.
Besonders während meiner Pubertät wusste ich wenig mit Jan anzufangen. In einer Zeit, in der man so sein will wie alle anderen, stellte die Tatsache, dass ich anders als alle anderen aussah und dann auch noch einen behinderten Bruder hatte, ein Problem für mich dar. Ich wusste eigentlich nie, wie ich mich verhalten sollte. Erzählte ich von Jan, musste ich mich auf komische Reaktionen gefasst machen. Verschwieg ich ihn, hatte ich ein schlechtes Gewissen. Ich lernte schon als Kind, Freundinnen und Freunde vor einem ersten Besuch bei uns zu Hause auf Jan vorzubereiten. Später, trotz aller Verliebtheit für einen Jungen, bereitete ich diesen auf meinen Bruder vor. Zähne zusammenbeißen, hoffentlich kommen keine blöden Reaktionen, und durch. Heute kommt für mich nur ein Partner in Frage, der mit Jan umgehen kann.
Auch Urlaube mit Jan waren teilweise schwierig. Als er noch kleiner war, konnte er manchmal bei meinen Großeltern bleiben. Dann waren Aufenthalte in Italien und Radtouren mit befreundeten Familien möglich. Später, als meine Großeltern älter wurden und Jan dort nicht mehr bleiben konnte, be-

schränkten sich die Familienurlaube auf ruhige Aufenthalte mit kleinen Aktivitäten in Österreich; eine echte Einschränkung für eine 15-jährige, deren Klassenkameradinnen nach den Ferien von tollen Strand- oder Skiurlauben schwärmten. Manchmal verreisten mein Vater und ich dann auch alleine und es wurden attraktivere Ziele wie London oder Venedig angesteuert. Schade war aber immer, dass meine Mutter dann nicht dabei sein konnte.
Besonders die sehr enge Bindung meiner Mutter an Jan machte es mir manchmal schwer, eine echte Bindung zu ihr zu spüren. Seit meinem dritten Lebensjahr, bis zu Jans Auszug von zu Hause, schien es mir, als wäre meine Mutter meist durch die Pflege von Jan, die Sorge um ihn und durch die Verarbeitung ihres Schicksals ‚besetzt' gewesen.
Mit 16 Jahren versuchte ich, mich immer mehr von zu Hause abzunabeln, da sich dort viel um Jan drehte, was mich teilweise stark belastete. Auch das ‚immer auf Abruf stehen', da immer ein ‚Erwachsener' zu Hause bleiben musste, ging fast über meine Kräfte. Bereits als Kind hatte ich viel Freizeit bei Freundinnen und deren Familien verbracht. Während der Pubertät hielt ich mich stark an meinen ersten Freund und dessen Familie. Manchmal glaube ich, dass ich in dieser Zeit ‚im Kopf' schon von zu Hause ausgezogen war. Äußerlich blieb vieles wie gehabt: Jan war Mittelpunkt der Familie, ich das funktionierende Beiwerk. Wenn Sie mich damals gefragt hätten, was ich gerne anders in unserer Familie gehabt hätte, hätte ich darauf entweder geantwortet, dass Jan nicht geistig behindert sein sollte, oder: „Jan darf ruhig so bleiben, wie er ist, aber ich hätte gerne noch andere Geschwister, mit denen ich viel unternehmen kann und die auch mal auf Jan aufpassen können."

Besonders zu schaffen machte mir damals auch, dass Jan zeitweise sehr aggressiv war. Was sich als Kleinkind durch massive Wutanfälle äußerte, trat nun durch Schlagen und Beißen hervor. Für ungefähr drei Jahre hatte ich eine sichtbare Bisswunde am Unterarm, zugefügt durch meinen Bruder. Noch heute, wenn Jan psychisch labil ist, hat meine zierliche Mutter vor ihm Angst. Ein Gefühl, das auch für mich schwer auszuhalten ist und mir immer wieder bewusst macht, wie sehr ich meinen Eltern manchmal ein leichteres Schicksal gewünscht hätte. Die körperlichen Angriffe sind jedoch weniger schlimm als das Gefühl, dass ich in solchen Blackout-Situationen keinen Kontakt mehr zu Jan finde und auch Jan hilflos in seiner psychischen Unruhe und Angespanntheit gefangen ist.

Mit 19 Jahren, als ich Abitur machte, dachte ich: „Eigentlich würde mir die mittlere Reife ausreichen, wenn nur Jan den Hauptschulabschluss schaffen würde."

Meine Berufswahl zur Logopädin ergab sich eher zufällig. Doch im Nachhinein denke ich oft: „Was ist schon zufällig?" Zwar wollte ich eine Tätigkeit im sozialen Bereich ausüben, da ich schon früh wusste, dass ich gerne mit Menschen arbeite. Aber vielleicht habe ich mir auch durch den therapeutischen Beruf das Recht, gehört zu werden, ‚zurückgekauft' in meiner durch Jan sehr auf den therapeutisch-medizinischen Bereich fixierten Familie!

Während meiner Kindheit und Jugendzeit hatte ich kaum die Möglichkeit, mich darüber auszutauschen, dass Jan behindert ist. Heute habe ich den Eindruck, dass meinen Eltern nicht bewusst war, dass Jans Behinderung auch für mich ein Problem darstellte. Mir selbst war von frühester Kindheit an klar, dass Jan anders war als andere Kinder, und ich spürte auch die Trauer und Belastung meiner Eltern. Dieses Wissen um

das Leid meiner Eltern machte es mir damals unmöglich, aufmüpfig oder anklagend zu sein. Bedingt durch diesen Teufelskreis blieb mir nur wenig Platz in meiner Familie.
In den 70er Jahren gab es im Süddeutschen Raum nur sehr selten ‚Geschwistergruppen' für Geschwister von behinderten Kindern und ich hatte nur im Rahmen von Jans Förderkindergarten die Möglichkeit, andere Geschwister von behinderten Kindern kennen zu lernen, aber die wenigen Male blieben mir als Aha-Erlebnis in Erinnerung mit der Erkenntnis „Ich bin ja gar nicht die Einzige".
Erst mit dem Beginn der Berufsausbildung konnte ich mich ohne schlechtes Gewissen intensiver um mich selbst kümmern. Ich schwamm mich frei durch Selbsterfahrung und Therapien, die ich für mich selbst in Anspruch nahm. Ich besuche nun in regelmäßigen Abständen Geschwisterseminare für erwachsene Geschwister von behinderten Menschen und weiß, dass ich mit meinem Schicksal nicht allein stehe.
Inzwischen kann ich immer mehr in mich hineinhören, was ICH denn eigentlich will, und ohne schlechtes Gewissen meiner Familie gegenüber meinen Weg gehen.
In meiner Kindheit in den 70er Jahren habe ich nie reale Diskriminierung erfahren. Weder in Bezug auf mein asiatisches Aussehen noch in Bezug auf meinen geistig behinderten Bruder. Bei dumm starrenden Erwachsenen denke ich mir heute: „Dumme Leute gibt es immer!" Interessiert schauenden und fragenden Kindern kann man Jans Behinderung gut erklären.
Die Tatsache, dass meine Eltern auch trotz Jan eine ‚ganz normale' Familie sein wollten und in meiner Familie weder Gespräche über noch die Auseinandersetzung mit Jans Behinderung stattfanden, erschwerte es mir sehr, unbelastet mit Jan an meiner Seite aufzuwachsen.

Für mich stand 20 Jahre meines Lebens das ‚mich anpassen' im Vordergrund und es fällt mir bis heute schwer, davon abzulassen.
Genau hier gibt es einen Punkt, an dem Jan mir zeigen kann, wie es geht.
Denn er ist, wie er ist. Ganz anders als alle anderen. Und er ist genau richtig, so wie er ist!

Daniela, 36 Jahre

Die Auseinandersetzung vollzog ich vor allem mit mir selber

Die Familie, in die ich hineingeboren wurde

Meine Mutter	1939
Mein Vater	1940
Beatrice	1967 geistig behindert durch Geburtsgebrechen
Priska	1965
Hansli, gestorben	1966-1968
Ich, Margrith	1970
Franziska	1972
Andreas	1974

Ich erlebte mit Beatrice verschiedene Zeiten. Da sie älter ist als ich, war es für mich normal, eine behinderte Schwester zu haben mit allem, was dazu gehört. Sie war ein sehr zentraler Punkt in unserer Familie. Ich lernte schnell, wie ich mich ihr gegenüber verhalten musste, damit es ihr gut ging, dass sie nicht ausrastete oder uns alle aus lauter Unruhe verrückt machte.
„Wenn es Beatrice gut ging, ging es uns allen gut!" Das war ein wichtiger Leitsatz in unserem Familienalltag. So übernahm ich schon als kleines Mädchen einen Teil der ***Verantwortung***, dass es Beatrice gut geht. Wobei an dieser Stelle unbedingt zu erwähnen ist, dass unsere Eltern um unser aller Wohl stets besorgt waren. Doch ohne die Mithilfe aller Familienmitglieder ist es schwer, ein behindertes Kind zu tragen, manchmal auch zu ertragen. Da sind alle gefragt, und so zogen wir alle am gleichen Strick.
Ich mag mich noch an eine Weihnacht erinnern, an der wir alle mit unseren Kräften am Ende waren, wir haben alle geweint.

Und da gibt es auch die wunderschön stimmigen Weihnachten, an denen wir so glücklich waren, dass wir unsere Beatrice hatten. Wir waren schon ein wenig älter geworden. Doch Bea bleibt in ihren Gefühlsempfindungen wie ein Kind, sie freute sich jeweils von Herzen über alles.
Die ***Gefühle*** lernte ich schnell und gut kontrollieren, ich wollte ja meinen Eltern gefallen und nichts für mich Dunkles heraufbeschwören. Meine Mutter sagte sinngemäß (nicht viele Male, aber damals mir wie eingebrannt), wenn sie es besonders schwer hatte: „Das ist meine Schuld, dass Beatrice so ist, wegen mir müsst ihr sie ertragen."

Auf was ich als Kind allergisch reagierte, waren die guten, lieben Leute, die ja so Erbarmen mit Beatrice hatten und immer nur ihr etwas mitbrachten und schenkten. Da sagte ich schon manchmal laut: „Das hätten wir, nicht sie verdient!"
Doch es gab da auch Außenstehende, die mich lobten und bewunderten, wie ich mit Beatrice umgehen konnte.

Verzichten musste ich nicht groß. Das Einzige, was schade war, wenn sich Beatrice in einer unruhigeren Phase befand, war, dass wir dann nicht als ganze Familie irgendwohin gehen konnten, zum Beispiel zur Kirche. Der Verzicht auf ein normales Familienleben.
Ich denke, Beatrice wurde nicht bewusst ***bevorzugt***. Aber sie war immer (körperlich nicht) das schwächste Glied in unserer Familie und wurde dementsprechend auch umsorgt.

Ich setzte mich immer wieder mit Beatrice und ihrer Behinderung auseinander. Als Schulkind musste ich meine Schwester wieder von Neuem akzeptieren lernen. Sie verkritzelte mir die Übungsblätter und überall, wo wir hinkamen, fielen wir auf und

wurden angestarrt. Das waren meine Anfänge in den Überlegungen zur Frage nach dem Sinn des Lebens.
In der Pubertät musste ich die Behinderung von Beatrice nochmals stark akzeptieren lernen.
Im Seminar schrieb ich eine Arbeit über den Sinn einer Behinderung, die als sehr reif eingestuft worden war.
Diese Auseinandersetzung vollzog ich vor allem mit mir selber und natürlich im täglichen Leben in der Familie, indem ich das Leben überhaupt anschaute und darüber philosophierte, später mit Fachliteratur.
Indem mir alles leicht von der Hand ging, wurde ich nun schon mal vom Leben, vom Schöpfer gut ***unterstützt***. Den anderen Teil übernahmen meine Eltern, indem sie für mich immer als Lebensförderer da waren. Außenstehende, professionelle Hilfe gab es früher noch nicht. Dies habe ich erstmals bei Marlies 2004 kennen gelernt.
Ich hatte nie das Bedürfnis, eine professionelle ***Begleitung*** haben zu müssen, da ich ja einiges Negative verdrängt habe. Im Nachhinein betrachtet wäre es sicher ganz gut gewesen, schon früh eine Begleitung außerhalb der Familie gehabt zu haben.
Was ich jetzt allen Eltern mit einem behinderten Kind sehr ans Herz legen möchte: Die Geschwister bekommen alles mit, alle Spannungen, das Schöne wie auch das Schmerzliche. Ich meine weder, die Kinder zu etwas heranführen, das gar nicht existiert, noch etwas aufbauschen. Nein! Aber die Dinge beim Namen nennen. Auf die Bedürfnisse und Empfindungen eingehen und sie ernst nehmen. Jedes Kind ist kostbar. Man darf einem gesunden Kind nicht alles zumuten.

Werte und Grundhaltungen

1. Im Leben gibt es einen Sinn durch den Glauben an Jesus Christus
2. Behinderte Menschen sind so kostbar wie ‚normale' Menschen
3. Behinderte Menschen haben mehr Rechte
4. Zuerst das Wohl von Beatrice, dann das meine
5. Familie ist wichtig, um Schweres ertragen zu können
6. Gesundheit und Weisheit sind Geschenke und kein eigener Verdienst
7. Der Mensch darf nicht bestimmen, welches Leben lebenswert und welches nicht lebenswert ist

Was hat sich bei mir geändert?

Punkt 3. Behinderte Menschen haben andere Rechte
Punkt 4. An erster Stelle das Wohl von uns allen

Eine sehr schwierige Zeit in meinem Leben

Mit 31 Jahren war ich mit dem dritten Kind schwanger. Von der 8. bis zur 20. Schwangerschaftswoche hatte ich Blutungen, weil die Gebärmutter verletzt war. Konnte ich das Kind behalten? In der 12. Schwangerschaftswoche entdeckten die Ärzte eine verdickte Nackentransparenz und sie sagten mir, dass das Kind wahrscheinlich behindert sein würde. Ich entschied mich gegen weitere Untersuchungen und auch gegen eine Abtreibung. Ich sagte: „Wenn ich unser Kind abtreiben würde, weil es behindert ist, wäre es so, als würde ich meiner Schwester das Recht zum Leben absprechen." Mein Mann stand voll hinter mir und unterstützte mich in meiner Entscheidung. Es folgten drei Wochen mit Angstträumen, meine Gedanken malten sich schlimme Behinderungen aus. Ich habe ja schon so vieles gesehen. Was bildet sich in meinem Körper,

scheinbar ohne den abgemachten Regeln zu gehorchen, so unkontrollierbar?
In diesem jämmerlichen, elenden Zustand der ‚Guten Hoffnung' waren wir mit dem Namen fündig geworden. Wenn es ein Mädchen würde, hieße es Michaela, das hörte sich für mich wie lächeln an. Würde es ein Junge würde, hieße er Raphael. Natürlich wollten wir die Bedeutung der Namen wissen. Raphael heißt ‚Gott heilt'. Du kannst dir vorstellen, was da in mir abging. Das war eine der größten Gotteserfahrungen, die ich machen durfte. Gott heilt, aber was heißt das konkret? Bekommen wir jetzt mit Sicherheit ein gesundes Kind? Nein, ich spürte, was es für mich hieß: „Wir bekommen die Kraft, es zu tragen, wie es ist." So konnte ich trotz allem noch schöne Schwangerschaftswochen genießen. Am Geburtstermin setzten die Wehen nicht ein, dafür meldete sich wieder die Angst bei mir. Jetzt wird die Stunde der Wahrheit folgen, nachher gibt es kein Zurück mehr! Nach 13 Tagen Übertragen, bei großer Kontrolle und bei schon sehr wenig Fruchtwasser, fragte mich die untersuchende Ärztin, ob ich das Geschlecht schon wisse. In diesem Moment erkannte ich die Hoden und bekam nochmals den Zuspruch: Es wird ein Raphael, Gott heilt, wir bekommen die Kraft. Am nächsten Morgen kam unser Raphael als ‚gsunds Büebli' zur Welt.

Wann habe ich erkannt, was ich alles leistete, was ich zu bewältigen hatte und was bei mir anders war?
Als ich mit 16 Jahren in Heimen mit Behinderten arbeitete, hatte ich natürlich einen riesigen Vorteil. Ich hatte keine Berührungsängste und war mir den Umgang mit Behinderten gewohnt.
Als Kindergärtnerin hatte ich ein besonderes Gespür für Kinder mit Schwächen. Während drei Jahren hatte ich Kinder mit

Down-Syndrom im normalen Kindergarten, neben 17, 18 anderen Kindern. Während einem Jahr sogar zwei miteinander. Erst als mir erfahrenere Kindergärtnerinnen sagten, dass sie das nicht könnten, merkte ich, dass ich durch meine Schwester Beatrice eine lange Ausbildungszeit genossen hatte, eine Ausbildung, die ich noch vertiefen möchte, wenn die eigenen Kinder ein bisschen älter sind. Heilpädagogische Früherzieherin oder eine Arbeit in ähnlichen Bereichen.

Unser mittleres Kind Christian wurde mit Wahrnehmungsstörungen geboren. Schon früh merkte ich, dass er einfach nicht wie die anderen Kinder ist. Wenige schenkten mir Gehör, bis ihn der Kinderarzt einmal voll in Aktion erlebte und demzufolge Abklärungen anordnete. Mit zirka vier Jahren wurde er bei der IV angemeldet und registriert. Es tat mir im ersten Moment weh, dass sich jetzt in meiner eigenen Familie wieder vieles so abspielen würde wie in meiner eigenen Kindheit. Ich hatte aber dadurch einen großen Vorteil, da ich wusste, es gibt nur eines: Christian so zu akzeptieren, wie er ist und zu ihm zu stehen in jeder Situation, ungeachtet der Leute ringsum. Und mir bewusst sein: Geschwister nicht vergessen!
Christian hat sich schon sehr gut entwickelt, er darf noch ein drittes Kindergartenjahr besuchen und nachher hoffen wir, dass er für die Schule bereit sein wird.

Margrith, 36 Jahre

3. Die ältere Generation berichtet aus der zeitlichen Distanz

Im September 1965 wurde ich als siebtes von acht Kindern in einer Kleinstadt zwischen Dortmund und Münster geboren. Unsere Geschwisterschar, geboren zwischen 1956 und 1967, setzt sich aus fünf Brüdern und drei Schwestern zusammen.
Meine Schwester Petra, sie ist das sechste Kind in der Geschwisterfolge, die 20 Monate älter ist als ich, kam mit dem Down-Syndrom zur Welt. In ihren ersten vier Lebensjahren lebte Petra mit uns in der Familie. An diese Zeit habe ich keine genauen Erinnerungen, jedoch hat mir unsere Mutter stets erzählt, dass ich schon im ‚Laufstall' guten Kontakt zu Petra hatte und mit ihr gespielt habe.
Petra zog anschließend um in eine Einrichtung für Menschen mit Behinderung, in der sie noch heute lebt. Nach dem Besuch des Kindergartens und der Schule arbeitet sie dort nun in der Werkstatt. Für Petra ist ihre Gruppe ihr Zuhause, es ist ihr Alltag, dort zu leben, zu arbeiten und Freizeit zu erleben. Petra fühlt sich dort sehr wohl, sie lebt in einer konstanten Gruppe, in der auch die Mitarbeiter kaum wechseln.
Petra kam regelmäßig zu uns zu Besuch. Manchmal fuhren wir auch zu ihr und besuchten ein Café, was ihr großen Spaß machte.
Schwieriger wurde es mit dem Kontakt erst, als mein Vater 1972 eine Stelle im Schwarzwald annahm und unsere gesamte Familie dorthin zog. Nun waren wir 600 Kilometer von Petra entfernt, sodass der Kontakt sich deutlich verringerte und sich auf Zeiten innerhalb der Schulferien beschränkte.
Mein Vater zeigte sich bei diesen Besuchen wenig interessiert und engagiert. Meine Mutter tat alles, um Petra zu verwöhnen. Für mich war es als Zehnjähriger etwas Besonderes, eine Schwester mit Behinderung zu haben, sodass ich mich durch-

aus gerne mit Petra zeigte. Die neugierigen und interessierten Fragen der mit uns befreundeten Nachbarskinder beantwortete ich so gut ich konnte.
Es war für mich in Ordnung, dass die Aufmerksamkeit meiner Mutter in diesen Zeiten in erster Linie Petra galt.
Später, im Alter von etwa fünfzehn Jahren, empfand ich neugierige Blicke von fremden Menschen bei Spaziergängen mit Petra als unangenehm. Ich wollte nicht angestarrt werden, weil Petra Laute und Geräusche von sich gab oder ihr beim Essen ständig etwas aus dem Mund herauslief.
Die Ehe meiner Eltern scheiterte, sodass wir 1976 wieder in meinen Geburtsort zogen und Petra wieder in unserer Nähe war. Von da an holten wir sie regelmäßig einmal im Monat für ein Wochenende zu uns. Klar, dass sich an diesen Besuchswochenenden alles um Petra drehte. Aber damit konnte ich insofern gut umgehen, als wir nicht jede Minute gemeinsam verbrachten und ich auch andere Verabredungen annehmen konnte. Bestimmte Fixpunkte an diesen Wochenenden gab es, die auch von allen mitgetragen und respektiert wurden.

Meine Berufswahl hat ganz sicher damit zu tun, wie ich aufgewachsen bin. Das Zusammenleben mit vielen unterschiedlichen Menschen und deren Bedürfnissen hat mich geprägt. Früh hatte ich ein Bewusstsein dafür, dass Menschen Stärken und Schwächen besitzen und Starke nicht immer nur stark sein können oder wollen.
Ich entschied mich dafür, Sozialpädagogik zu studieren und zog zu diesem Zweck von zu Hause aus.
Während meines Studiums habe ich mich auch mit Heilpädagogik beschäftigt. Ich erinnere mich an ein Referat, das ich gehalten habe zum Thema ‚Down-Syndrom'. Im Rahmen dieser Arbeit habe ich meine Mutter intensiv befragt, um noch

mehr über unsere Familiensituation zu erfahren. Interessant war es für mich mitzubekommen, wie damals die unmittelbaren Reaktionen auf die Geburt von Petra aussahen.
Später gab es Zeiten, in denen ich meiner Schwester Petra eher zufällig begegnete, wenn ich an einem ihrer Besuchswochenenden auch bei meiner Mutter war. In den letzten Jahren aber achtete ich zunehmend darauf, Absprachen mit meiner Mutter über Petras Besuchswochenenden zu treffen. Ich freute mich darauf, Petra zu sehen. Wir haben auch gemeinsame Urlaube verbracht, zu denen meine jüngste Schwester ebenfalls hinzukam.
Darüber hinaus war mir deutlich geworden, dass meine Mutter, die inzwischen über siebzig Jahre alt war, gut eine Unterstützung brauchen konnte.
Meine Mutter starb vor drei Jahren und es stellte sich für uns Geschwister die Frage, wer die Betreuung von Petra übernehmen möchte. Schnell waren alle der Ansicht, dass ich der geeignete Kandidat für diese Aufgabe wäre, sodass ich mich unter Druck gesetzt fühlte. Nicht alle meine Geschwister hatten und haben Kontakt zu Petra. Ich habe zunächst weitere Informationen eingeholt und war dann bereit, diese Aufgabe anzunehmen unter der Voraussetzung, dass mich jemand darin unterstützt. Meine jüngste Schwester kam hinzu, sodass wir uns seitdem die Aufgabe teilen.
Für mich ist es wichtig, meine Rolle als Bruder von Petra zu finden und diese auszufüllen. Ich weiß, dass Petra hervorragend untergebracht ist und ein Zuhause hat. Sie freut sich sehr, wenn ich sie zu regelmäßigen Besuchswochenenden abhole und wenn ich sie wieder nach Hause bringe.
Ich nehme sie nicht grundsätzlich zu jeder Familienfeier mit, sondern wäge jeweils mit meiner jüngsten Schwester ab, ob Petra dazukommt oder nicht. Petra benötigt insbesondere in

einer fremden Umgebung eine enge Begleitung, da sie sich auf Neues nur schwer einlassen kann.
Gerne nehmen meine jüngste Schwester und ich an Gruppennachmittagen oder auch an den alljährlichen Angehörigentagen der Einrichtung teil, nicht zuletzt deshalb, weil diese eine Möglichkeit zum Austausch darstellen.
Entlastet fühle ich mich innerhalb meiner Familie, wenn ich mitbekomme, dass meine Geschwister nachfragen und sich nach Petra erkundigen oder wenn wir gemeinsam eine Feier oder ein Weihnachtsfest mit ihr planen. Eine entscheidende Rolle spielen aber auch die Betreuer, die in Petras Gruppe arbeiten. Sie signalisieren mir stets, dass ich mich nicht unter Stress setzen soll mit Besuchswochenenden und Kontakten und lassen mir völlig freie Hand, sodass ich auch kurzfristig Petra besuchen oder abholen kann. Die Bezugsbetreuerin meiner Schwester arbeitet bereits siebzehn Jahre in der Gruppe und kennt sie dementsprechend sehr genau.
Ich freue mich, mit Petra in Kontakt zu sein, an ihrem Leben teilzuhaben und gemeinsame Unternehmungen zu starten. Meinen pädagogischen ‚Ehrgeiz', Petra ständig etwas Neues bieten zu wollen, habe ich mittlerweile abgelegt und gelernt, dass es ihr gar nicht auf Aktionen ankommt.
Mir ist bewusst, dass sie ein Zuhause hat und ihre Besuche bei mir eine Abwechslung von ihrem Alltagsleben darstellen.
Ich nehme meine Rolle als Bruder an und gehe aktiv damit um. Die Mutter kann ich ihr nicht ersetzen und möchte das auch gar nicht. Ich sehe meine Verbindung zu ihr als Möglichkeit, regelmäßig etwas voneinander zu erfahren und gemeinsam etwas als Geschwister zu erleben.

Franjo, 41 Jahre

Geschwistergeschichte im geteilten Deutschland

Anfang der Sechziger Jahre in der damaligen DDR, ich selber war ein knappes Jahr alt, erkrankte mein viereinhalb Jahre älterer Bruder an Enzephalitis. Die Krankheit trat als Komplikation nach einer infektiösen Hepatitis auf. Mein Bruder hatte sich bei dem Patenkind meiner Mutter, das für zwei Wochen bei uns zu Besuch war, angesteckt. Das Patenkind gesundete, mein Bruder aber litt wochenlang unter Lähmungen aller Extremitäten, Seh- und Sprachstörungen. Erst allmählich bildeten sich die Symptome langsam zurück. Wie groß das Ausmaß seiner Behinderung war, ließ sich anfangs nur schwer beurteilen. Da ich meinen Bruder ja nie anders kennen gelernt hatte und er nicht nur aus meiner Sicht, sondern auch aus der Sicht der Gleichaltrigen keineswegs auffällig ‚behindert' aussah, verstand ich erst langsam, warum er so ausgeprägt verhaltensgestört wurde, insbesondere wenn ich mit anderen Kindern spielte.

Meine Eltern versuchten, mir mit viel Geduld immer wieder zu erklären, was einst vorgefallen war. Ich mochte meinen Bruder, der zu mir ja auch sehr lieb sein konnte und mich in manchen Situationen beschützte. Manches Mal war ich auch stolz auf ihn, wenn er mir wunderschöne Bilder in meine Schulhefte zeichnete, was er gut konnte, ohne dabei jemals anzugeben. Diesen Charakterzug schätze ich bis heute an ihm!

Aber gerade seine Begabungen, auch noch in anderen Bereichen, gaben mir immer wieder neue Rätsel auf. Wie kann ein Mensch ‚behindert' sein, der mir doch in vielerlei überlegen ist?

Wie sollte ich das als Kind begreifen können, wenn sogar die Erwachsenen damit Schwierigkeiten hatten?

Also, testete ich ihn auch da und dort bewusst oder unbewusst aus. Natürlich entdeckte ich, je älter ich wurde, immer mehr seine Schwächen. Ich musste mich also in gewisser Weise darin bestätigen, dass mein Bruder eben wirklich berechtigt ist, als ‚behindert' anerkannt zu werden. Vielleicht klingt dies für manche absurd, aber so empfand ich es als Jugendliche, zumal es ja von vielen Menschen um mich herum ständig angezweifelt wurde.

Mein Bruder konnte im Spiel mit anderen nicht auf deren Wünsche und Bedürfnisse eingehen. Er lebte sozusagen in seiner eigenen kleinen Welt. Ab und zu luden meine Eltern für ihn ein Kind zum Spielen ein. Dann aber ging es, im Gegensatz zu mir, ganz ruhig zu. Beide Kinder beschäftigten sich im selben Zimmer mit unterschiedlichen Dingen. Wehe, ich kam mal hinzu, dann wurde ich von meinem Bruder als Störenfried empfunden und schnellstens aus dem Zimmer vertrieben.

Mein Bruder wurde teilweise von Erwachsenen wie von Kindern als arrogant und eingebildet empfunden. Dies hatte mehrere Gründe: Zum einen riss er leicht Gespräche an sich, ohne zu merken, dass sich nicht alle für seine Themen interessierten (Geschichte, Politik, Mineralien), zum anderen überartikulierte er die einzelnen Worte häufig und wirkte dabei oft angestrengt. Letzteres hing mit seiner motorischen Aphasie zusammen. Außerdem passte es für viele Menschen nicht zusammen, dass ein Kind bzw. Jugendlicher bei so gravierenden Ausfällen ein so ausgeprägtes, differenziertes Fachwissen haben kann.

Aber ein Schlüsselerlebnis hatte ich als Kind, das mich, glaube ich, besonders intensiv geprägt hat. Wir hatten in der Nachbarschaft eine Schauspielerfamilie mit mehreren Kindern. Wir spielten viel miteinander und unsere Eltern verstanden sich auch gut. Die Älteste war im Alter meines Bruders. Sie war ein außergewöhnlicher Mensch mit ihrer unbekümmerten, natürlichen, echten, fröhlichen Art einerseits, einem sehr naturverbundenen und nachdenklichen Wesen andererseits. Sie gehörte zu den ganz wenigen gleichaltrigen Menschen, die in der Lage waren, meinen Bruder so zu nehmen, wie er war. Wenn die beiden miteinander spielten, empfand ich meinen Bruder als völlig normal, ja sogar fröhlich und ausgeglichen. Es herrschte deshalb größte Trauer in meiner Familie, als diese Christiane mit Eltern und Geschwistern weit weg zog. Mein Bruder war zu dieser Zeit etwa zehn Jahre alt. Ich habe schon damals begriffen, dass viele Verhaltensstörungen dadurch entstehen, dass die Umwelt behindert ist im richtigen Umgang mit Gehandicapten.

Mich machten diese Auseinandersetzungen oft derart verzweifelt und wütend, dass ich stur und bockig wurde und natürlich völlig zu Unrecht meinen Bruder beschimpfte, weshalb er sich denn nicht mal ‚normal' benehmen könnte. In Wirklichkeit war ich meist böse auf die Anderen und mein Bruder tat mir leid. Es verletzte mich besonders, wenn es sich im Kreis der gleichaltrigen Verwandtschaft ereignete. Konnten die sich nicht wenigstens zusammenreißen in den paar Tagen, in denen sie aus dem Westen zu uns zu Besuch kamen?

Heute ist mir klar, dass sie damit völlig überfordert waren. Was wussten sie schon von den vielseitigen Problemen in unserer Familie und dazu noch im Osten, die uns natürlich hatten übersensibel werden lassen.

Ich selbst war ein ausgesprochener Spätentwickler. Dies traf allerdings nicht auf den sozialpsychologischen Bereich zu. Denn da wurde ich schon als relativ junger Mensch mit Fragen, Problemen und Ereignissen konfrontiert und auch von Erwachsenen sehr ernst genommen. Mit elf Jahren durfte ich auf eigenen Wunsch einige Tage zu meiner Tante, um dort auf ihrer Arbeitsstelle zu hospitieren. Sie war Fürsorgerin und arbeitete in der Kinderfrühförderung. Auch beschäftigte ich mich gerne mit geistig und körperlich behinderten Kindern in der Förderstelle, die meine Mutter ins Leben gerufen hatte. Es gab zu diesem Zeitpunkt in unserer Heimatstadt keine Rehamöglichkeit für diese Kinder. Täglich arbeitete sie viele Stunden ehrenamtlich zusammen mit anderen betroffenen Eltern in einem Raum des evangelischen Gemeindehauses. Das beeindruckte mich sehr und meine berufliche Richtung schien damals schon klar zu sein.

Im Alter von zehn bis elf Jahren begann langsam der Überholprozess und damit nahmen die Probleme zwischen mir und meinem Bruder zu.

Er hatte ja nun diese ausgeprägte Rechen- und Grammatikschwäche und außerdem war anfangs nicht die geringste Konzentration im Klassenverband möglich. Er malte zwar während des Unterrichts perspektivisch genau die Wartburg auf die Schulbank, bekam aber vom Unterrichtsgeschehen nichts mit. Auf dringendes Anraten der Kinderneurologin sollte er vorerst Einzelförderung erhalten. Als meine Eltern nun alles dafür in die Wege leiten sollten, stießen sie auf heftigen Widerstand seitens der DDR-Behörden. Wer in diesem Staat nicht linientreu im politischen Sinne war und noch dazu im kirchlichen Dienst, konnte nicht ohne weiteres auf Unterstützung hoffen. Dies bekamen wir nun ständig irgendwo zu spüren.

Zum Glück hatten wir einen sehr guten Familienzusammenhalt und unsere Eltern waren jederzeit für Gespräche bereit und halfen, wo sie konnten.

Mein Bruder, der mit erheblicher Zeitverzögerung endlich eingeschult wurde, besuchte nun bis zum 8. Schuljahr die soge-

nannte Sonderschule an unserem Wohnort. Zuvor waren viele Rehamaßnahmen leider gescheitert.
Ich selber kam wenig später ins erste Schuljahr der Polytechnischen Oberschule. Es gab in der DDR nur diese beiden Schulformen. Später konnte man dann aufbauen, sofern man zugelassen wurde.
Für meinen Bruder und unsere Familie wurden diese Jahre auf der Sonderschule ziemlich schlimm. Von den Mitschülern wurde er häufig verprügelt und es wurden ihm Schulsachen und Kleidungstücke zerstört. Ich rannte ihm nach meinem Schulschluss oft entgegen, um ihn zu beschützen und/oder ihm wenigstens die Schulmappe in Sicherheit zu bringen, was meine Eltern damals allerdings nicht erfuhren, weil ich sie schonen wollte, wie in manch anderen Situationen auch.
Die Sorge und Angst um meinen Bruder machte mir zu schaffen, dazu kam noch der zunehmende politische Druck, dem ich selber ausgesetzt war. Als Nicht-Pionier grenzten mich meine Klassenkameraden zusehends aus. Ich wurde nach der vierten Klasse ohne Begründung zum Schulwechsel gezwungen und wusste bald warum. Der politische Druck auf dieser Schule wuchs teilweise bis zum Unerträglichen. Mir passierte das Gleiche wie meinem Bruder. Aber ich schwieg der Familie gegenüber.
Eines Tages spürte ich in meiner häuslichen Umgebung Veränderungen. Aufgrund meiner bohrenden Nachfragen weihte man mich schließlich in ein Geheimnis ein. Meine Eltern hatten einen Ausreiseantrag gestellt, nachdem bei meinem Bruder nach seinem Schulabgang wieder staatliche Behörden jegliches berufliche Weiterkommen verhindert hatten.
Mein armer Bruder war durch die Jahre auf der Sonderschule überlabil geworden und hatte immer häufiger Fluchtgedanken. Das Schwierige für mich war, dass ich mit niemandem über

unser Vorhaben reden durfte, auch nicht mit der besten Freundin.
Meinem viereinhalb Jahre älteren Bruder konnten wir es auch nicht sagen, weil wir nicht wussten, inwieweit er sich von Außenstehenden, die sich sein Vertrauen erschlichen, was auch schon öfter vorgekommen war, über familiäre Dinge ausquetschen ließ. 1975 – nach zirka eineinhalb Jahren Wartezeit – ging es ganz schnell. Innerhalb weniger Tage mussten/durften wir die DDR verlassen.
Es waren sehr gemischte Gefühle, denn wir ließen auch viel zurück, hatten wir doch all die Jahre dort immer gute Freunde und Verwandte, die uns unterstützten und uns nahe waren.
Hier im Westen wurden wir zwar von den allerengsten Verwandten herzlich willkommen geheißen, aber bei den meisten ebbte das Interesse sehr schnell ab.
Auch in der Schule brachte man mir sehr wenig Verständnis entgegen. Schließlich fehlten mir sämtliche aktuellen Sprachkenntnisse. Russisch hatte ich gelernt, Englisch und Französisch musste ich nachholen. Außerdem empfand man mich, glaube ich, als Exoten. In einer unberührten Stadt im Süden Baden-Württembergs war ich damals das einzige Kind aus der DDR. Ich verstand erst einmal kein Schwäbisch und die Klassenkameraden belachten mein Hochdeutsch und ließen mich wissen, dass sie mich als arrogant empfänden.
Ich rutschte wieder in eine Außenseiterrolle, obwohl ich hier im Westen anfangs gute Hoffnung auf Veränderung hatte. Zudem erlebten wir zu Hause eine sehr aggressive Phase durch meinen Bruder. Außerdem pubertierten wir beide nun tüchtig, mein Bruder mit vier Jahren Verspätung.
Es kam zu richtigen Kämpfen zwischen uns. Meine Schulnoten wurden immer schlechter, meine Mutter litt unter Magen-

geschwüren und mein Vater bekam einige Zeit später seinen ersten Herzinfarkt.
Das Heimweh nach ‚drüben' wuchs bei mir, doch wir durften lange Zeit nicht mehr zurück und der Briefkontakt zu meinen Freunden war abgebrochen. Ich wandte mich nun verstärkt wesentlich älteren Leuten zu, schon weil sie mit dem Verhalten meines Bruders gelassener umgehen konnten, wobei für mich dabei die Voraussetzung war, dass man meinen Bruder mochte.
Trotz seiner Behinderung zeigte mein Bruder überdurchschnittliche Kenntnisse in natur- und sozialwissenschaftlichen Bereichen sowie in politischen Fragen und er war und ist auch künstlerisch nicht unbegabt. Kam er mit Menschen in Fachgespräche, so wurde er nicht selten gefragt, was er denn genau studiere. In solchen Situationen tat er mir immer sehr leid. Er litt selber auch darunter. Dann kamen bei ihm Minderwertigkeitsgefühle auf und die ließ er an mir aus. So kam es zwischen uns im gegenseitigen Unverständnis zu heftigen Streitereien, weil ich den Eindruck hatte, dass man von mir immer erwartete, ich müsse die Vernünftigere und Verständnisvollere sein. Also beschimpfte ich ihn wütend, was mich dann wenig später in tiefe Schuldgefühle stürzen ließ.
So vergingen die Jahre.
Mein Bruder hatte mit 18 den Hauptschulabschluss nachgeholt und anschließend mit der beruflichen Reha begonnen. Dabei schloss er eine Hand- und Kunstbuchbinderausbildung erfolgreich ab.
Inzwischen hatte ich meine Schulzeit beendet und bereits die Unterlagen für einen Studienplatz für Sozialpädagogik in Reutlingen vorliegen. Da kam für mich die Wende.
Zur großen Verwunderung von Familie und Freunden hatte ich mich spontan entschlossen, meinen bisherigen Berufswunsch

an den Nagel zu hängen. Ich absolvierte stattdessen eine Ausbildung als Buchhändlerin. Ich brauchte wohl den Abstand zum ‚Sozialen'.
Rückblickend war es gut so, obgleich die Jahre im Buchhandel aus verschiedensten Gründen nicht leicht waren. Dennoch habe ich in dieser Zeit einige wertvolle Erfahrungen machen können. Durch viele Begegnungen und Gespräche mit Menschen inner- und außerhalb des Buchhandels – und natürlich auch durch Literatur – habe ich zu alten Berufswünschen zurückgefunden. Ich wurde Ergotherapeutin und arbeite nun seit dreizehn Jahren sehr gern in diesem Beruf und seit sieben Jahren in eigener Praxis. Unbewusst wählte ich damals den Bereich der Neurologie und später der Pädiatrie. Heute weiß ich, dass ich damit ein Stück Vergangenheit aufgearbeitet habe. In der Arbeit mit Kindern bewegt mich immer wieder erneut die Problematik, die ich aus eigenem Erleben kenne, während es sich bei erwachsenen Hirngeschädigten mehr um die Auseinandersetzung mit neuropsychologischen Störungsbildern und ihren Auswirkungen handelt.
Bedingt durch meine Verbindungen zu verschiedenen Selbsthilfegruppen im Rahmen meiner Arbeit kam mir immer wieder der Gedanke, es könnte etwas Derartiges auch für Geschwister behinderter Kinder geben. Lange war ich auf der Suche, bis sich vor eineinhalb Jahren tatsächlich eine Gruppe zusammenfand. Darüber bin ich 43 Jahre alt geworden und froh, endlich mal Gelegenheit zum Austausch zu haben und vielleicht auch jüngeren Teilnehmern meine Erfahrungen mitteilen zu können.
Ich denke, dass es schon eine besondere Erfahrung ist, mit einem behinderten Geschwister aufgewachsen zu sein, gleichzeitig auch eine Bereicherung und Chance, Menschen, die irgendwie aus der Norm fallen, besser zu verstehen und

somit auch Aufklärungsarbeit in unserer Gesellschaft leisten zu können.
Auch spüre ich immer wieder, dass ich, je älter ich werde, immer mehr auf Menschen treffe – heute zum Glück auch Gleichaltrige! – die Verständnis für meinen Bruder haben und ihn akzeptieren und mögen. Sicher liegt es auch an meiner Einstellung zu ihm.

Einen Punkt möchte ich zum Schluss noch erwähnen. Mein Bruder hat oft ein großes Problem, in Gesprächen zu differenzieren, stattdessen pauschalisiert er stark, was auch schon so manchen verärgerte. Er brachte es andererseits aber auch fertig, nach Öffnung der Grenzen in seine Heimatstadt zu reisen und ganz aus sich heraus ehemalige Lehrer aufzusuchen. Darunter waren auch welche, die ihm politisch gesehen sehr zugesetzt hatten. Auf unsere Frage hin, warum er das getan hätte, sagte er: „Naja, die haben es doch sicher bereut und standen ja schließlich auch unter Druck. Sie waren aber sehr nett zu mir."
Mich hat das tief beeindruckt und ich überlegte mir, ob ich das geschafft hätte.
Mein Bruder lebt nun seit 20 Jahren ganz selbstständig – dank der geduldigen Einübung durch unsere Eltern – und er hat nach manchen Umwegen eine sehr positive Entwicklung genommen.
Er kann sein paläontologisches Wissen bei Ausstellungen eigener Sammlungen auch in anderen Städten anbringen und ist in Fachkreisen angesehen. Darüber konnte er ein gesundes Selbstbewusstsein entwickeln.

Mein Mann und ich haben zu ihm seit langem ein sehr ausgeglichenes, gutes Verhältnis und stehen mit ihm in regelmäßigem Kontakt und besuchen uns gegenseitig.

Elisabeth, 44 Jahre

Da wurde es mir zum ersten Mal richtig klar

Ich bin 47 Jahre alt, verheiratet und Mutter von vier Kindern. Mein erlernter Beruf ist Erzieherin.
Ich bin die älteste Schwester einer erwachsenen Schwester mit Behinderung, ich habe fünf Geschwister, S. ist die Jüngste.
Als ich selber schon verheiratet war, sah ich per Zufall im Fernsehen einen Beitrag über Familien mit behinderten Kindern. Besonders daran war für mich, dass es nicht in erster Linie um die Kinder mit Behinderung, auch nicht um die Eltern und deren Sorgen ging, sondern es wurden die Geschwisterkinder in den Blick genommen. Augenblicklich fühlte ich mich in meine Kindheit und Jugend zurückversetzt und manche Situation stand mir vor Augen.
Da wurde mir zum ersten Mal richtig klar, was bei uns in der Familie anders gewesen war, was ich geleistet hatte und warum ich so bin, wie ich bin ...
Heute habe ich selbst vier Kinder, meine jüngste Tochter hat das Down-Syndrom.
Aus meiner eigenen Erfahrung war es mir ein wichtiges Anliegen, meinen eigenen Kindern das Angebot des Austausches mit anderen Geschwisterkindern zukommen zu lassen.
Meine Töchter haben wiederholt an Seminaren für Geschwister von behinderten Kindern teilgenommen. Die Abschlussrunden der Seminarteilnehmer mit den Eltern waren mir total wichtig und haben mir selbst geholfen. Ich konnte dadurch ein Stück meines Verantwortungsgefühls für meine ‚gesunden' Kinder abgeben, es war für mich Entlastung. Durch die Möglichkeit des persönlichen Gesprächs mit der Seminarleiterin konnten wir Eltern unsere Fragen und Beobachtungen äußern und mit objektiver Hilfe reflektieren.

Als ich dann vor einigen Jahren selbst an einem Seminar für erwachsene Geschwister teilnehmen konnte, habe ich noch mal die Chance wahrgenommen, mir auf ‚die Spur' zu kommen. Der Austausch mit anderen Geschwistern in anderen, teils ähnlichen Situationen hat meinen Horizont erweitert und mich bereichert.
Mich hat mein Leben lang das Thema Verantwortung stark beschäftigt. Ich fühlte mich für viele Menschen in meiner Umgebung verantwortlich, natürlich in erster Linie immer für die mir am nächsten stehenden. In der Kindheit für meine Geschwister – für sie zu sorgen in kleinen Dingen, mich um meine behinderte Schwester zu kümmern, mit ihr zu üben, meine Eltern zu unterstützen, die haben es ja schwer mit S., sind traurig …
Auch als Erwachsene ist da noch das Verantwortungsgefühl für die Familie. Wenn es bei meiner behinderten Schwester Probleme gibt, bin ich oft Gesprächspartner für S., meine Eltern oder die Mitarbeiter im ‚Betreuten Wohnen'. Gibt es im Geschwisterkreis Sorgen und Probleme, bin ich auch dort in manchen Fällen Ansprechpartner.
Das ist schön, zumal auch meine Geschwister für mich da sind, wenn ich sie brauche. Aber es ist eben auch belastend und bringt mich immer wieder an meine Grenzen.
So wird es zunehmend für mich zum Thema, auf meine eigenen Wünsche und Bedürfnisse zu hören und zuerst für mich zu sorgen, dann erst für andere. Verantwortung übernehmen werde ich wohl immer wieder, aber als Erstes für mein eigenes Leben.

Gisela, 47 Jahre

Meine Geschwister

Meine Eltern haben sechs Kinder, vier Söhne und zwei Töchter. Ein Zwillingssohn starb wenige Monate nach der Geburt. Von den anderen fünf sind drei – das erste, das zweite und das vierte Kind – schwer behindert. Alle drei Söhne sind behindert. Söhne mit schönen Namen, die von dem gelehrten Großvater selbst ausgesucht wurden. Namen, die mit großen Wünschen und Hoffnungen verbunden sind. Friede-Für-Das-Land, Nützlich-Für-Das-Land, Vom-Lande-Geliebt.

Mein älterer Bruder war mit einer schweren Hörschädigung zur Welt gekommen. Da seine Behinderung nicht sichtbar war – und dazu war er noch ein hübsches Kind – haben meine Eltern lange gebraucht, um herauszufinden, dass sein Störverhalten in der Kindheit auf die Hörschädigung zurückzuführen war. Böse Zungen sagten, er wäre taub und stumm, oder etwas verrückt. Verrückt war ein Schimpfwort, das sich bei meinem Bruder langsam zu einem Komplex entwickelte. Geistig behinderte Menschen wurden oft als Verrückte angesehen. Verrückt war zu der Zeit jemand, dessen Verhalten den gesellschaftlichen Erwartungen nicht entsprach. Bloß nicht aus der Reihe tanzen, hieß die Devise für ein reibungsloses Zusammenleben in einer konfuzianistisch geprägten Gesellschaft. Mein älterer Bruder war in diesem Sinne kein braves Kind. Es gab Phasen in seiner Kindheit, in denen er seinem Trieb gefolgt ist und fremde Schlüsselanhänger geklaut hat. Oder er war stundenlang unterwegs, irrte den ganzen Tag weit weg von zu Hause umher. Jetzt ist mir klar, dass er damals durch Sehen und Beobachten lernen wollte. Seine Augen waren die Öffnung zu einer Welt, die er selbst entdecken und verstehen wollte. Denn er war nur kurz in der Grundschule, ich glaube, insgesamt fünf oder sieben Jahre. Er war ausschließlich in Schulklassen, wo meine Tanten Klassenlehrerinnen waren, sozusagen immer in familiärer Fürsorge. Er war nie in einer Schule für Taubstumme.

Ich kam als zweiter Sohn gesund zur Welt und hatte im Alter von fünf eine Kinderlähmung. Infolge dieser Erkrankung habe ich ein rechtes gelähmtes Bein. Ich war ein sehr aktives Kind. Nach der Erkrankung hatte ich lange Zeit nicht akzeptieren wollen, dass meine Bewegungsfähigkeit eingeschränkt sein sollte. Ich habe mich mit anderen Jungen geschlagen, auch mit denen, die mir körperlich überlegen waren. Umständlich fand ich nur den Hülsenschienen-Schuh und meine speziellen Hosen. Das Schienenwerk wurde damals sehr einfach gebaut – nur funktionell und nicht ästhetisch – und machte die Hosen schnell kaputt. Die Metallschienen waren fest an den Schuh genietet, sodass es beim Anziehen unmöglich war, den Schuh durch das Hosenbein zu ziehen. Da die Schule lange Hosen vorschrieb, erfand meine Mutter eine Hose mit zwei Reißverschlüssen entlang des rechten Hosenbeins, damit ich die Hülsenschiene unter der Hose tragen konnte. Meine Eltern haben lange gehofft, dass meine ‚Krankheit' geheilt werden könnte. Bis zu meinem 14. Lebensjahr lebte auch ich mit dieser Hoffnung, wieder normal gehen zu können. Heute lebt noch ein Rest dieser Hoffnung im Stillen, wenn ich mir Berichte über neue Erfindungen oder Fortschritte der Medizin anschaue.

Mein jüngerer Bruder war mit einer spastischen Lähmung zur Welt gekommen, von der wir erst viel später erfahren haben. Er ist von uns dreien körperlich am schwersten getroffen. Als

Säugling war er dem Tod näher als dem Leben. Mit aller Kunst der orientalischen Medizin, die in der Familie meiner Mutter durch Generationen gepflegt worden war, überlebte er die ersten Jahre seines Lebens. Jede seiner neuen Krankheitserscheinungen brachte für uns neue Ängste und Sorgen. Meine Eltern haben mit der klassischen (hier asiatischen) und der westlichen Medizin alles versucht, um meinem Bruder zu helfen. Meine Mutter brachte ihn zu langen Sitzungen bei allen möglichen Heilpraktikern, Mönchen, Meistern der Akupunktur bzw. der Akupressur und sonstigen Personen, denen man Wunder nachsagte. Mein jüngerer Bruder war das schwarze Schaf unter dem dunkelfarbigen Schäfer. Er bleibt das Sorgenkind der Familie, für dessen Pflege wir uns alle in die Pflicht nehmen.

Meine Umgebung

Wir sind in Saigon aufgewachsen, der Hauptstadt Südvietnams. Saigon war und ist die Stadt Vietnams mit den meisten Kontakten zur Außenwelt, also eine ziemlich offene Stadt. Damals tobte der Krieg in Südvietnam. In Saigon gab es selten Kriegshandlungen, aber durch zahlreiche terroristische Bombenanschläge war der Krieg für uns schon sichtbar. Es gab viele Kriegsverletzte und -versehrte im Straßenbild. Dass jede Familie ein durch den Krieg verletztes und behindertes Mitglied hatte, war normal. Der Krieg war die Ursache und es bedurfte dafür keiner weiteren Erklärung. Dagegen war eine Behinderung, ob angeboren oder durch Krankheit, etwas Selektives.

Im kausalen buddhistischen Denken erntet jeder Mensch die Frucht von dem Kern, den er in seinem früheren Leben gesät hat. Behinderung stammt also von einem bösen Kern, sei es vom persönlichen oder vom kollektiven Karma seiner Familie, ist also eine Strafe des Himmels. Manche Familien versuchten daher, ihr behindertes Mitglied zu verheimlichen, zu verstecken oder einzusperren. Nicht selten entschuldigte sich ein Mensch dafür, dass er ein behindertes Familienmitglied hat. Die Verspottung über die Behinderung war sehr verbreitet, insbesondere in den ländlichen Gebieten oder in den abgeschotteten Wohngebieten der Großstädte. Unerträglich für jeden behinderten Menschen, der auf eine freundliche Umwelt angewiesen war. Dünnhäutig fühlte er die bösen Blicke, aber auch die Blickvermeidung und die mitleidigen Worte, die bewusst oder unbewusst fielen. Welch einer Situation war ein behinderter Mensch ausgesetzt, wenn er z. B. heiratete? Eine traditionelle Hochzeitprozession durch die eng bevölkerten Gassen eines Stadtviertels wäre einer Tortur gleichgekommen. Der Respekt für einen Menschen aufgrund seiner unverletzlichen Menschenwürde war noch eine fremde Vorstellung in Vietnam.

Als ich 1994 den ersten Entwurf einer Behindertenverordnung in Vietnam zu lesen bekam, entdeckte ich, dass behinderte Menschen im ersten Artikel dieses Entwurfs immer noch als „anormale Menschen" definiert wurden. Ich habe mich dafür eingesetzt, dass diese menschenverachtende Bezeichnung aus dem zweiten Entwurf entfernt wurde. Vielleicht hatten die Verfasser damit Mitleid erregen und dadurch Hilfe erreichen wollen. Aber das zeigte deutlich, was einen behinderten Menschen im besten Fall erwartet: Mitleid der Gesellschaft. Unter diesen Umständen hatten und haben behinderte Menschen in Vietnam ein schweres Leben. Einige neigten dazu, ihre Identität zu verleugnen. Eine behinderte Frau aus Vietnam, die bis zu ihrer Ausreise von den Eltern im Haus versteckt worden war, hat kurze Zeit nach ihrer Ankunft in Deutschland lieber Deutsch als Vietnamesisch gesprochen. Sie zog sich in der deutschen Öffentlichkeit eine blonde Perücke an. Die Perücke trug sie später auch während ihres Besuchs in Vietnam. Vielleicht erhoffte sie damit für sich eine andere Behandlung. Eine Behandlung wie unter Deutschen in Deutschland. Es war ein Ausbruchsversuch.

Das verdrängte Thema

In Vietnam ist die Zuordnung wichtig. Bei der Vorstellung wird meist in einem Atemzug gesagt, dass jemand Sohn, Tochter, Neffe, Nichte oder Enkelkind von Herrn A, von Frau B oder ein Mitglied des Clans C ist. Vom guten Baum sollen gute Früchte fallen. Meine Familie kam ursprünglich aus Nordvietnam und flüchtete bei der Teilung des Landes im Jahre 1954 in den freien Süden. Sie gehörte zu der gebildeten Mittelschicht. Mein Großvater war früher ein Mandarin des letzten vietnamesischen Kaiserreiches und war im Rentenalter immer noch ein hoch angesehener Mensch für die nordvietnamesische Gemeinschaft im Süden. Da die ganze Familie eine neue Existenz in einer fremden Umgebung aufbauen musste, legte sie viel Wert auf Bildung. Mein Vater hat in den USA studiert und sich in Südvietnam hochgearbeitet. Bis zum Kriegsende 1975 war er hoher Beamter der südvietnamesischen Regierung. Er gehörte zu einer Generation, die die Außenwelt gesehen hat und bereit war, neue Werte zu akzeptieren.

Das gesegnete Leben meiner Eltern wäre perfekt gewesen, wenn das Behindertenproblem nicht da gewesen wäre. Kein Schicksalszeichen konnte noch deutlicher sein, als dass alle

Stammhalter ‚bestraft' waren. Für eine Fortentwicklung des guten Rufs der Familie sah es düster aus.
Meine Eltern haben versucht, das Beste aus ihrem Schicksal zu machen. Dass wir in einer Großstadt gelebt haben, war ein Vorteil. Die Anonymität, ein Haus an einer breiten Straße und die Schulen außerhalb des Stadtteils gaben uns viele Ausweichmöglichkeiten. Ich war stolz auf die ‚modern' denkenden Eltern, die dem Gespött standhalten konnten. Sie dachten nicht dran, ihre behinderten Kinder zu verstecken. Die Liebe war hier viel stärker. Ich hatte nie das Gefühl, benachteiligt zu sein, obwohl meine körperliche Behinderung in der Kindheit offensichtlicher war als die meiner Brüder. Die behinderten Söhne hatten kein Ausgangsverbot und wurden überallhin mitgenommen. Wenn wir Besuch bekamen, wurden alle fünf Kinder den Gästen in der Reihenfolge ihres Alters präsentiert. Meine Eltern erzählten auch über uns, wenn sie danach gefragt wurden, haben mehr über den Menschen erzählt als zum Beispiel über seine Erfolge, was bei ‚Stammtischen' in Vietnam nicht üblich war, wenn über die eigenen Kinder gesprochen wurde. Unsere Familie sah nicht nur anders aus, wir lebten und verhielten uns auch anders. Aber eine richtige Auseinandersetzung mit dem Thema Behinderung hatte es dennoch nie in der Familie gegeben. Es wäre für meine Eltern zu viel gewesen. Vielleicht dachten sie auch, dass es besser wäre, nicht über das Schicksal zu klagen, sondern es stillschweigend zu akzeptieren.
Bis heute fühlen wir uns bei Gesprächen über dieses Thema nicht wohl. Als meine jüngste Schwester einmal in der Kindheit hohes Fieber und Krämpfe bekam, dachten wir sofort an eine chronische epileptische Krankheit wie bei meinem jüngeren Bruder. Eine gewisse Anspannung taucht auch heute noch

auf, wenn die Geburt eines Kindes, insbesondere eines männlichen, bevorsteht.
Wie ein Mitglied unserer Familie heute entscheiden würde, wenn eine Behinderung bei einer Schwangerschaft diagnostiziert würde, steht offen. Zum Glück geriet noch niemand in die Situation, dass er darüber entscheiden musste. Die Angst vor einer Behinderung, die in unserer Familie einerseits berechtigt ist, wirkt andererseits unterschwellig wie ein Verrat – an sich selber, weil man selbst behindert ist, oder an den behinderten Brüdern, die man liebt.
Jeder von uns weiß aber, wie groß die Belastung sein könnte, die mit einer Behinderung verbunden ist. Aber für mich steht außer Zweifel, dass meine Mutter niemals ihre eigenen Kinder abtreiben lassen wollte. Das wäre nicht vereinbar gewesen mit ihrem buddhistischen Glauben. Ich kann mir ihr aufopferungsvolles Leben nur dadurch erklären, dass sie ihre behinderten Kinder als ihr eigenes Karma angenommen hat.

Mein erster Aufenthalt in Deutschland

Ich hatte eine glückliche, sorglose Kindheit im Schutz der Familie. Ich war gut versorgt und stolz auf meine Abstammung. In dieser heilen Welt habe ich mich mit meiner und der Behinderung meiner Brüder ernsthaft niemals auseinandergesetzt – bis zum Sommer 1969. Da vertrauten meine Eltern mir plötzlich meinen kleinen Bruder an. Im Rahmen der Aktion ‚Schöne Wolke' (Luftbrücke von Terre des hommes Deutschland e.V.) sollten wir zu einer medizinischen Behandlung nach Deutschland geschickt werden. Plötzlich sollte ich für jemanden da sein. Mit 14 Jahren. In einem fremden Land. Ohne Hilfe der Eltern und des Familienclans. Nach der Ankunft wurde mein Bruder einem anderen Krankenhaus zugeteilt. Die Trennung

kam sehr überraschend. Im Bus konnte ich zu ihm gerade noch sagen, dass ich ihn später finden und besuchen würde. Und dass wir wegen der Heilungschance tapfer sein müssten. Es waren Floskeln aus der Verlegenheit heraus für einen Jungen, der gerade sechs Jahre alt geworden war.
Zum Glück hat unsere Betreuerin Marlies Winkelheide sehr früh von der Trennung erfahren. Sie hat alles getan, damit mein Bruder wieder zu mir kommen konnte. Beim Wiedersehen mit ihm sah ich in seinen kleinen, runden, schwarzen Augen die Freude und das Glück zugleich. Zum ersten Mal entdeckte ich den Menschen in seinem kranken Körper. Niemals war mir bewusster, dass er mich braucht und ich für ihn verantwortlich bin. Ich habe mich geschämt, mich nicht gegen die Trennung oder früher für die Zusammenführung eingesetzt zu haben.
Dabei fragte ich mich auch, weshalb Marlies sich so sehr für unsere Zusammenführung eingesetzt hatte. Sie hätte es für uns nicht machen brauchen, denn sie war nicht mit uns verwandt und noch dazu eine fremde Ausländerin. Ihr Verhalten lag außerhalb meines Verständnisses von Solidarität, die ich bis dahin nur im Rahmen des Familienverbands kannte. Es war der Beginn eines Umdenkungsprozesses, der sich bis heute fortgesetzt hat.
Schon im Flugtransport nach Deutschland begegnete ich Menschen, die mehr Hilfe nötig hatten als ich. Meine Behinderung war in keiner Weise vergleichbar mit ihren schlimmen Verletzungen. Marlies führte mich langsam in die Hilfsarbeit ein und ließ mich in ihre Wertvorstellungen blicken. Sie machte mich mit Werken von Saint Exupéry bekannt, ohne zu wissen, dass ich eine Grundschule besucht hatte, die den Namen dieses großen Humanisten getragen hatte. Da ich Französisch sprach, wurde ich als Dolmetscher eingesetzt, zunächst für die

Kinder im Kinderkrankenhaus in Datteln, dann für Kinder und Jugendliche in anderen Krankenhäusern in der Umgebung. Ich wurde nicht nur für die Sprachvermittlung, sondern auch bei sozialen und pädagogischen Problemen eingesetzt. Marlies holte mich manchmal abends aus dem Krankenhaus, wenn zum Beispiel einer der Jungen aus dem Krankenhausfenster im sechsten Stockwerk geklettert war oder die Schlüssel der Krankenschwester versteckt hatte.
Marlies gründete den ‚Club 9' von Terre des Hommes, damit Kinder Kindern helfen konnten. ‚Club 9' bestand aus neun Jungen und Mädchen aus dem Kinderheim St. Peter in Recklinghausen, die die vietnamesischen Kinder in den Krankenhäusern unterstützten. Dabei habe ich gelernt, dass ich als behinderter Mensch auch anderen Menschen helfen konnte. Auch das war mir neu, denn als behinderter Mensch war ich bis dahin Hilfeempfänger und niemals Hilfegeber, war hauptsächlich auf mich fixiert.
Meine Ansichten zu Fragen der Nächstenliebe und Menschenwürde wurden fortan von der Familie Winkelheide geprägt, die mich und meine Brüder und viele andere vietnamesische Kinder als Pflegekinder aufgenommen haben. Seitdem ist Marlies meine Schwester und nicht mehr ‚Cô Marlies', wie sie am Anfang unserer Begegnung von uns genannt wurde. Cô bedeutet Tante in der vietnamesischen Sprache und bezeichnet eine Respektperson, in diesem Fall eine Wohltäterin. Marlies begleitet seit nunmehr 37 Jahren unsere Familie mit unserem Behinderungsproblem.

Meine Rückkehr aus Deutschland

Ich kehrte im Oktober 1970 nach Vietnam zurück, um meine Schule zu beenden, mit einem Versprechen der Familie Win-

kelheide, mich nach dem Abitur zum Studium nach Deutschland zu holen. Ich kehrte in meine alte Welt zurück, aber mit einem anderen Selbstbewusstsein und Selbstverständnis.
Ich wurde schnell zum Mittelpunkt. Mit einem Aufenthalt im Ausland konnte man sich in Vietnam immer schmücken. Die auffälligen Klamotten aus Deutschland riefen Neugier und Bewunderung hervor. Mir war bewusst, dass die Familie in Deutschland, hier hauptsächlich Marlies, mich übermäßig verwöhnt hatte. Ich besaß Sachen, von denen andere Kinder, selbst aus reichen Familien, in Vietnam nur träumen können. Alle paar Wochen bekam ich zudem ein Paket aus Deutschland. Modische Kleidung, technische Geräte, exotische Schulsachen und modernes Spielzeug. Das machte mich auffällig anders.
Die vietnamesische Gesellschaft war damals voll von Paradoxen. Bunte und modische Hippie-Kleidung war einerseits Zeichen des Reichtums und damit der Begierde. Andererseits war sie für ‚anständige' Personen Zeichen der Dekadenz. Ich empfand mein äußerliches Anderssein dennoch als angenehm, weil es meine Behinderung in den Hintergrund gedrängt hat. Aber ich wollte auch, dass man mich als Mensch akzeptiert und respektiert. Behinderte Menschen wurden zu oft als Verlierer abgestempelt. Ich wollte zeigen, dass ein Mensch weder nach der Behinderung noch nach der Kleidung bewertet werden kann. Denn trotz Behinderung und ‚dekadenter' Kleidung brachte ich gute, sogar sehr gute Leistungen in der Schule. Ich übersprang zweieinhalb Klassen, wechselte vom französischen ins vietnamesische Schulsystem, kletterte innerhalb eines halben Jahres von einem der schlechtesten zum sechstbesten Schüler in der Klasse. Das brachte mir Anerkennung.

Ich geriet so in die Position, gesellschaftliche Normen und Gewohnheiten zu hinterfragen, zum Beispiel die absolute Gehorsamkeit gegenüber dem Lehrer in der konfuzianischen Kultur. Ich widersetzte mich einem Lehrer, der versuchte, männliche Schüler mit langen Haaren aus der Klasse zu mobben. Mehrere Schulkameraden wurden wegen ihrer Haarlänge von ihm geohrfeigt. Da ich die längsten Haare unter den Schülern hatte, suchte er nach einem Vorwand für meine Bestrafung. In seiner Stunde musste ich ständig rezitieren. Ich überstand jede Prüfung – zum Teil unterstützt durch das Vorflüstern von Schülerinnen aus der ersten Reihe, die traditionell eigentlich zurückhaltend waren. Er brachte die Sache vor die Gesamtlehrerschaft, die wiederum meinen Vater kontaktierte. Ich konnte meinen Vater davon überzeugen, dass die langen Haare meine tadellose Schulleistung nicht beeinflussten. Solange die Schule kein ausdrückliches Verbot aussprach, blieben die Haare meine persönliche Entscheidung.
Ich habe mich auch auf der Straße nicht gescheut, mich für Gerechtigkeit einzusetzen. Ich mischte mich öfter ein, wenn Polizisten und Soldaten Bürger schikanierten. Einige Fälle kamen zu einem guten Ende, wenn ich meinen Vater oder einen meiner Onkel, die über gute Beziehungen verfügten, involvieren konnte. Im Rückblick bin ich der Überzeugung, dass gesellschaftliche Vorurteile abgebaut werden können, wenn man die dafür geeigneten Mittel finden kann.

Die Hürden und Hindernisse

Als Kind hatte ich keine besondere Beziehung zu meinem älteren Bruder. Traditionell war ihm die Rolle des Stammhalters zugeschrieben und er sollte später die Familie führen. Ich dachte einfach, dass ältere Geschwister immer für die jünge-

ren sorgen müssten. Er war älter als ich, so musste er für mich sorgen und nicht umgekehrt.
Als ich aus Deutschland zurückkam, war er ein 17jähriger junger Mann. Mein Vater beschaffte ihm eine Alibi-Lehrstelle in einer Werkstatt der Marine. Die Stelle bekam mein Vater aus Gefälligkeit. Es gab dort für meinen Bruder aufgrund der Kommunikationsschwierigkeiten nicht viel zu lernen oder zu arbeiten. Wie bereits ausgeführt, hörte er fast nichts, doch die kolossalen, aber schlechten Hörgeräte wollte er aus Scham nicht tragen. Die Werkstatt war zudem nicht auf behinderte Menschen eingestellt, sodass man ihn nicht integrieren konnte. Sicherlich hätte er in dieser Zeit dringend Hilfe benötigt, die er jedoch nicht bekam. Bestimmt hatte er für sich auch Hilfe aus dem Ausland gewünscht, die bei seinen Brüdern doch zu positiven Veränderungen im Leben geführt hatten, Hilfe, um den Alltag bewältigt zu bekommen. Etwas für sein Selbstbewusstsein und Selbstwertgefühl, oder zumindest für eine Orientierung.
Ich habe ihn damals nicht verstanden und hatte auch keine Vorstellung, wie ich ihm hätte helfen können. Als das Leben für unsere Familie nach 1975 durch die veränderte politische Lage extrem schwierig wurde, hat er sich mit seinen begrenzten Möglichkeiten durchs Leben geschlagen. Unter anderem handelte er sehr erfolgreich mit westlichen Medikamenten auf dem Schwarzmarkt. Er beschaffte Medikamente, die mancher Apotheker nicht besorgen konnte. Ohne ein Hörgerät zu benutzen, ahmte er das Aussprechen von schwierigen ausländischen Medikamentennamen nach und verhandelte mit Käufern und Verkäufern. Er führte sicherlich einen sehr harten Kampf mit seinen Konkurrenten, denn es ging um das nackte Überleben. Mein Bruder hat Qualitäten und Fähigkeiten, die

aus ihm einen anderen Menschen hätten werden lassen, wenn er früh gefördert worden wäre.
Die Chance dazu bot sich ihm endlich, als er nach Deutschland kam. Er bekam zwei auf sein Hörvermögen gut eingestellte Hörgeräte und hörte mit 35 Jahren zum ersten Mal das Wasser tropfen. Er war überglücklich, wieder normal hören zu können. Mit seinem extrem starken Willen lernte er die schwere deutsche Sprache und absolvierte anschließend eine dreijährige Berufsausbildung. Er hat mit seinen Grundschulkenntnissen wirklich bei Null anfangen müssen. Die ganze Familie und auch Marlies standen ihm bei, denn er hatte vorher noch nie etwas von Mathematik, Chemie, Physik – geschweige denn Politik – gehört und musste in einer Fremdsprache lernen. Mein älterer Bruder war auf sich unheimlich stolz, als er den Abschluss in seinem Wunschberuf geschafft hatte. Zum ersten Mal im Leben bekam er eine Urkunde für seine persönliche Leistung. Er erhielt auch große Anerkennung in der vietnamesischen Exilgemeinde, von der viele Landsleute ihre Ausbildung wegen der Sprachschwierigkeit abbrechen mussten.
Im Nachhinein gesehen, hat er die Entscheidung zur Ausreise nicht bereut. Der Entscheidungsprozess war damals lange und schwierig. Ich hatte ihm lange Briefe geschrieben, um ihn vor einer Enttäuschung zu warnen. Er sollte keine Wunder in Deutschland erwarten. Aber es geschah tatsächlich ein Wunder. Gemessen an dem Sprung in der Lebensqualität hat er von uns allen am meisten von dem Aufenthalt in Deutschland profitiert.
Mein jüngerer Bruder kam 1971 von seiner deutschen zu seiner vietnamesischen Familie zurück. Er sollte ein paar Jahre später zu weiteren großen Operationen nach Deutschland zurückkehren. Der deutliche gesundheitliche Fortschritt, den

er durch die Behandlung in Deutschland erzielen konnte, ließ die Familie auf eine Heilung seiner Krankheit hoffen. Damals wurde in Vietnam noch kein klarer Unterschied zwischen Krankheit und Behinderung gemacht. Sein Verbleib in Vietnam sollte vorübergehend sein. Mein älterer Bruder hatte zu meinem jüngeren Bruder schon immer ein inniges Verhältnis. Früher hatte er den Jüngeren abends immer aus dem Haus mitgeschleppt und war mit ihm in das Dorftheater hineingeschlichen. Seitdem liebt der jüngere Bruder das vietnamesische traditionelle Theater. Als er aus Deutschland zurückkehrte, hat mein älterer Bruder geduldig jeden Tag mehrere Stunden das Laufen mit dem Jüngeren geübt. Er hat gehofft, dass der Jüngere eines Tages wieder richtig laufen könnte. Später übernahm er den Hauptanteil bei der körperlichen Pflege des Bruders. Er tut es bis heute, selbstverständlich und pflichtbewusst. Er, derjenige von uns, der von seiner Bewegungsfreiheit am meisten Gebrauch machen kann, ist sich bewusst, dass er körperlich der Stärkste von uns Geschwistern ist. Durch ihn kam mein jüngerer Bruder öfter an die frische Luft und nach 1975 ab und zu aus dem tristen Alltag heraus und sonntags zu der Versammlung der Großfamilie. Mein jüngerer Bruder kann sich mit ihm in einer einfachen Sprache verständigen, die sich auf das Wesentliche konzentriert und mit viel Gestik und Mimik verbunden ist. Eigentlich beherrschen alle Geschwister diese Kommunikationsart sehr gut. Meist reicht zur Verständigung mit dem jüngeren Bruder ein verstecktes Handzeichen oder eine einfache mimische Geste.
Die Pflege für meinen jüngeren Bruder, der körperlich zunehmend größer wurde, stellte uns vor eine immer größer werdende Herausforderung. Die Organisation der Pflege wurde nach dem Kriegende 1975 besonders schwierig, weil wir viele unserer früheren Möglichkeiten verloren haben. Wir hatten

kein Dienstpersonal sowie kein Auto mehr. Ihn auf dem Gepäckträger eines Fahrrads zur Schule zu fahren, war zu gefährlich. Wir waren mit der Pflege auf uns allein gestellt. Freiheit war für jeden von uns verbunden mit der Verantwortung gegenüber dem anderen. Obwohl jeder von uns selbst mit den neuen gesellschaftlichen Verhältnissen schwer zu kämpfen hatte, war das Familienleben immer gut organisiert. Mindestens ein Mann war immer zu Hause, denn das Essen musste wegen der Einnahme der Medikamente pünktlich auf den Tisch kommen, die Medikamente mussten rechtzeitig vom Schwarzmarkt besorgt werden, der Zugang zu einem Facharzt musste – über welche Umwege von Beziehungen auch immer – organisiert werden.

Diese Zeit hat bei meinem jüngeren Bruder viele Schäden angerichtet. Der sorgenvolle Mensch sah, wie sein Vater sich freiwillig einem ‚dreimonatigen Umerziehungskurs' gestellt hatte und auch nach Jahren noch nicht zurückkam. Dazu starb bei ihm die Hoffnung auf eine weitere medizinische Behandlung im Ausland, weil das neue Vietnam sich abgekapselt hatte. Ängste und Unsicherheiten in der Familie konnten vor ihm nicht verborgen bleiben. Und zur Schule durfte er auch nicht mehr. Er baute unter der enormen psychischen Belastung schnell ab, wirkte nachdenklich und bekam viele neue Krankheitssymptome. Wir lebten damals ständig mit der Angst, ihn zu verlieren. Einer dieser Verlustmomente war, als er 1977 den ersten heftigen epileptischen Anfall bekam. Wir waren damals hilflos wie noch nie, auch weil wir an Medikamenten nur Schlaftabletten der Marke Valium für ihn besorgen konnten, froh, dass wir wenigstens noch dieses Medikament auftreiben konnten.

Jedes neue Vorhaben der Familie stand vor der Frage, ob wir es mit ihm schaffen werden. Eine sichere Antwort gab es nie.

In der Kriegszeit war die Mobilität manchmal lebensentscheidend. Als Saigon im April 1975 kurz vor dem Fall stand, gab es bei uns die Überlegung, sich entweder weiter in den Süden zurückzuziehen oder ganz aus dem Land zu fliehen. Es herrschte überall ein chaotischer Zustand mit Schießereien und Überfällen, verursacht durch eine Massenpanik. Jede Fluchtmöglichkeit war nicht ungefährlich, weil man sich gegen die hysterische Masse durchkämpfen musste. Auf der Flucht sollte mein älterer Bruder meinen jüngeren Bruder in einem Rucksack tragen. Aber kein Fluchtweg war damals für meinen Vater sicher genug. Für diese Unentschlossenheit bei der Flucht bezahlte mein Vater später sieben Jahre seines Lebens in den kommunistischen ‚Umerziehungslagern'. Auch später, nach dem Kriegsende, als das Leben für uns in Saigon beinahe unmöglich wurde, gab es zahlreiche Fluchtüberlegungen. Immer wieder fragten wir uns, wie wir meinen jüngeren Bruder unbemerkt zu einem heimlichen Abfahrtspunkt an der Küste befördern könnten und ob er die anstrengende Reise über das Südchinesische Meer verkraften würde.
Es gab keine optimale Lösung für die ganze Familie, sodass wir die Teilung der Familie und eine Teillösung akzeptieren mussten. So organisierte meine Mutter zunächst die Flucht meiner beiden Schwestern 1979 über das Meer. Sie kamen zum Glück unversehrt in Indonesien an und ließen sich später in Kanada nieder. Wenig später kam für uns die lange ersehnte Nachricht, dass die vietnamesische Regierung auf Einsatz von Marlies und Papa Bernhard Winkelheide der Ausreise für mich und für meinen jüngeren Bruder zugestimmt hatte. Die Ausreise über den offiziellen Flugweg war eine mögliche Lösung aller unserer Sorgen. Nach unserem Plan sollte meine Mutter zunächst den jüngeren Bruder nach Deutschland begleiten. Damit hätte mein noch inhaftierter Vater eine Stimme

im Ausland. Dadurch würde man ihn nicht mehr so einfach verschwinden lassen können. Somit kamen nach und nach mein Vater und mein älterer Bruder im Rahmen der Familienzusammenführung auf dem gesicherten Flugweg nach Deutschland. So gesehen war mein jüngerer Bruder die Lokomotive für die Rettung meiner Mutter, meines Vaters und meines älteren Bruders.

Eine asiatische Form des Zusammenlebens

Mein jüngerer Bruder lebt heute in einem Wohnheim. Er tat sich am Anfang sehr schwer damit, getrennt von der Familie zu wohnen. Er hatte gehofft, nach der notwendigen medizinischen Behandlung wieder nach Hause in die Familie zurückkehren zu können. Aber heute sieht er ein, dass die Pflege eines erwachsenen Menschen privat kaum zu schaffen ist, zumal wir nicht mehr die Jüngsten sind und nicht mehr unter einem Dach leben. Die Last würde hauptsächlich auf die Eltern fallen, die immer älter werden.
Am Anfang hatten wir ein schlechtes Gewissen, weil wir das Gefühl hatten, gegen die Tradition gehandelt bzw. einen hilfsbedürftigen Familienangehörigen im Stich gelassen zu haben. Marlies hat uns überzeugen können, dass es auch für unseren jüngeren Bruder wichtig ist, die Selbstständigkeit zu lernen. Er müsse auf den Tag vorbereitet sein, wo er plötzlich auf sich allein gestellt sein würde, wenn die Eltern oder die Geschwister ihn zu Hause nicht mehr pflegen könnten. Dieses Dilemma haben wir bei einer bekannten Familie erfahren. Weil sie schlechte Erfahrungen mit einer psychiatrischen Einrichtung gemacht hatten, pflegten die Eltern ihren geistig behinderten Sohn selbst. Sie konnten jeden Tag das Haus nur während seines Mittagsschläfchens verlassen. Nun wissen sie keine

Lösung für ihren 30jährigen Sohn, wenn einer von ihnen stirbt oder selbst pflegebedürftig wird.
Meine Eltern und die Familie meines älteren Bruders wohnen in derselben Ortschaft wie mein jüngerer Bruder. So kann mein jüngerer Bruder jedes Wochenende, an verlängerten Wochenenden oder in den Ferien mehrere Tage in der Familie verbringen. Er kann jederzeit allein mit seinem elektrischen Rollstuhl zu den Eltern fahren. Dort trifft er am Wochenende auch die Familie des älteren Bruders. Wenn meine Eltern verreist sind, dann geht er am Wochenende – selbstverständlich – zum älteren Bruder. Da die Pflege mit unserem zunehmenden Alter und der zunehmenden Versteifung des Körpers meines Bruders schwerer wird, müssen wir unser Pflegeverhalten auch ändern. Wir haben mit der Zeit gelernt, dass wir die aktive Mitwirkung des jüngeren Bruders bei der Pflege fördern und fordern müssen. Ihm ist auch klar geworden, dass wir seine Bewegung nicht ersetzen dürfen, solange er diese noch selbst ausführen kann. Seitdem wir unsere Bewegungen aufeinander abstimmen – ja synchronisieren – können, ist die Pflege für alle Beteiligten leichter geworden. Dadurch ist auch weniger organisatorischer Aufwand notwendig. Zur Not kann meine Mutter für kurze Zeit mit ihm allein im Haus bleiben. Mein jüngerer Bruder ist toleranter geworden und nicht mehr so anspruchsvoll wie früher. Es entwickelt sich bei ihm ein Gespür für das Machbare und er ist bereit zu akzeptieren, dass manche Situationen bestimmte Pflegerituale nicht mehr zulassen.
Die Familienhierarchie hat sich zudem geändert, seitdem mein älterer Bruder eine Tochter hat. Nicht mein jüngerer Bruder, sondern die Nichte ist nun das jüngste Mitglied in der Familie und zieht die Aufmerksamkeit auf sich. Am Anfang musste mein jüngerer Bruder lernen, dass es nun einen anderen Mit-

telpunkt in der Familie gab. Er lernte, Rücksicht auf das Kind zu nehmen, musste sich dem Kind anpassen. Einerseits musste er versuchen, das Herz des Kindes für sich zu gewinnen. Auf der anderen Seite brauchte auch das Kind Zeit, um den richtigen Umgang mit dem Onkel zu lernen. Das Kind stellte schnell fest, dass der jüngste Onkel der Einzige in der Familie ist, der eine deutsche Grundschule besucht hatte und deswegen beim Spielen und Singen mitmachen und mithalten kann. Heute bin ich froh, dass sowohl meine Mutter als auch meine Schwägerin jeweils ihren Sohn und ihre Tochter in der Hinsicht gut erziehen können, denn am Anfang war es noch nicht klar, wer auf wen Rücksicht nehmen sollte oder musste.

Einige Reflexionen

Viele Familien haben ihre Mitglieder auf der Flucht verloren. Unserer Familie ist dieser schmerzhafte Verlust erspart geblieben. Dafür sind wir dankbar. Fünf der sieben Familienmitglieder kamen auf dem sicheren Weg nach Deutschland. Ohne die Beziehung zu Deutschland, die aufgrund einer Behinderung entstanden ist, hätten wir diese Chance nicht gehabt.

„Im Unglück steckt auch Glück", würde mein gelehrter Opa sagen.

Ich habe ab und zu davon geträumt, nicht behindert zu sein. Meine Brüder haben diesen Traum sicherlich auch. Welcher behinderte Mensch hatte diesen Traum nicht einmal im Leben gehabt? Manchmal spielte ich mit der Frage, was aus mir ohne meine Behinderung und ohne die Behinderung meiner Brüder geworden wäre. Bestimmt hätte ich die Welt und die Menschen nicht so sehen können, wie ich sie heute sehe. Ich wäre egoistisch geworden. Nicht der notwendige Egoismus, den ein behinderter Mensch zu seinem eigenen Schutz haben muss, sondern ein gefährlicher Egoismus des Stärkeren und des Privilegierten wäre es gewesen. Aus der Geschichte unserer Familie betrachtet, einer bürgerlichen Familie mit einem mehrfachen Flüchtlingshintergrund, würde ich mich wahrscheinlich wie meine Cousins und Cousinen auf den persönlichen Erfolg bzw. auf die eigene wirtschaftliche Sicherheit hin orientieren. Wie sie würde ich die Hilfe für andere Menschen als noblen Akt aus Mitleid sehen.

Was würde ich vermissen, wenn ich nicht behindert wäre? Ohne Behinderung wäre ich nicht nach Deutschland gekommen und hätte Marlies und Familie Winkelheide nicht kennen gelernt. Diese Beziehung hat mir schöne Erlebnisse in meiner Kindheit verschafft, eine Beziehung, in die ich mich in den schweren Stunden meines Lebens gerne zurückgezogen habe. Das sind besondere Momente, aus denen ich gestärkt und mit einem glücklichen Lächeln wieder in den Alltag zurückkehre. Diese Beziehung würde mir fehlen. Marlies ist für mich mehr als eine Schwester. Sie hat mein inneres Auge für soziale Probleme geöffnet und verkörpert die andere Kultur in mir.

Durch die Schwere und die sehr unterschiedlichen Arten der Behinderung in meiner Familie habe ich gelernt, mich mit Menschen auf anderen Kommunikationswegen zu verständigen und sich nicht allein auf die Formulierung des Wortes oder auf die Interpretation des Gesehenen zu verlassen. Ich habe durch meine Brüder gelernt, Menschen wie sie sind – und nicht wie ich sie sehe oder sie mir vorstelle – zu verstehen. Ich bin auch toleranter geworden, wobei Toleranz ein Prozess ist, und versuche, durch die Augen des Betroffenen zu sehen. Ich nehme nicht mehr mich als Maßstab für die Beurteilung, wie ich es in meinen jungen Jahren getan habe, wo ich Menschen

Dinge zugemutet habe, gerade weil ich gedacht habe, dass ich sie auch mir zumuten könnte.
Mein Leben und das Leben meiner Brüder haben sich durch viele Zufälle positiv geändert. Wir haben diese Chancen in unterschiedlichem Alter bekommen. Es gab Chancen, die wir manchmal wegen Unwissenheit oder der politischen Umstände verpasst haben. Voraussetzung dafür, dass wir überhaupt Chancen ergreifen konnten, war, dass wir zu den Chancen überhaupt zugelassen wurden. Viele behinderte Menschen in Vietnam wurden von der Gesellschaft missachtet oder von ihrer Familie behütet. Liebe, Solidarität und Zusammenhalt in der Familie sind für Behinderte zwar wichtig und gut, aber nicht alles. Übertreibung, Fatalitätsdenken und Bequemlichkeit in der Familie können ihre Chancen hemmen. Der Mensch, wenn er erwachsen wird oder sein will, benötigt eine gewisse Selbstständigkeit und Selbstverwirklichung. Sie zu fördern, bedeutet im Kontext der Behindertenarbeit die Stärkung des Selbstbewusstseins, damit der behinderte Mensch Freude am Leben gewinnen kann. Ich sehe hier nicht, dass die Achtung vor dem Menschen und die Förderung des Individuums in irgendeiner Weise im Widerspruch zum traditionellen Gemeinschaftsdenken in asiatischen Kulturen stehen könnte.

Dung, ***51 Jahre***

Es gibt Wesen, die sind anders

Im Grunde begann alles damit, dass sie nicht anfing zu sprechen.
Meine Schwester Angela, nur zwei Jahre jünger als ich, wurde 1956 geboren. Mein Vater, so erzählte meine Mutter, wünschte sich immer ein kleines, liebes Mädchen, im besten und herzlichsten Sinne. Nicht, dass er womöglich von mir als ältestem Sohn enttäuscht gewesen wäre. Ich bekam alle Liebe und Unterstützung, die Eltern nur geben können, und davon zehre ich heute noch. Aber ich erzähle das nur, um zu beschreiben, wie alles, was um meine Schwester geschah, auf meinen Vater gewirkt haben musste. Und mein Vater war kein ‚Herrenmensch'. Er war nur widerwillig Soldat gewesen, Hitler hatte auf ihn immer einen unheimlichen, furchteinflößenden Eindruck gemacht und ausgewandert war er nur deshalb nicht, weil er schon damals die Mechanismen einer Diktatur kannte und Angst vor der Inhaftierung seiner Angehörigen hatte, der ‚Sippenhaft', wie er es immer betonte.
Meine Eltern waren beide nach den Wirren des zweiten Weltkriegs in Lübeck, in Schleswig-Holstein, ‚gestrandet'. Sie hatten sich in einer Behausung kennen gelernt, die man heute etwas salopp als ‚Asylantenheim' bezeichnet hätte und sie waren auch das, was uns heute in den Tagesnachrichten in Form der Menschen begegnet, wenn von ‚Nordafrika', ‚Libanon' oder ‚Israel' die Rede ist. Später folgte dann aus beruflichen Gründen der Umzug meiner Eltern ins Rheinland.
Ich kann mich, das ist ein Vorteil meines Gedächtnisses, bis etwa zu meinem zweiten Lebensjahr zurückerinnern. Das war genau das Geburtsjahr meiner Schwester. Allerdings war es damals nicht üblich, so wie bei unseren Kindern, dass der Vater bei der Geburt anwesend sein durfte. Das ist heute bes-

ser geregelt. Die Kinder bekamen ohnehin nur die bloße Nachricht, dass ein Geschwisterkind geboren worden war, dann irgendwann sahen sie das neue Baby. Allerdings muss ich zugeben, dass auch ich erst mit vier Jahren, als also meine Schwester zwei war, so richtig mitbekam, dass es offenbar Probleme gab. Sie sprach eben einfach nicht. Laufen konnte sie sehr früh, so früh sogar, dass die Beinchen mit dem Wachstum nicht mitkamen und fast überbeansprucht wurden. Meine Mutter erzählte, dass sie in diesen jungen Jahren zunächst krumm und säbelförmig ausgesehen hätten, was sich aber wenig später von selber ausgewachsen hätte.

Kurzum, meine Schwester war äußerst beweglich und agil. Allerdings fiel schon früh eine Eigenschaft auf: Wenn sie jemanden ansah, so war es, als ob sie durch den Betreffenden wie durch eine Glaswand hindurch sah. Das beunruhigte naturgemäß die Eltern und zusammen mit der ausbleibenden Sprache war das begreiflicherweise Anlass zu einer größeren Anzahl von Tests und Untersuchungen, die dann folgten. Dazu muss man wissen, dass es standardisierte Tests so wie heute (‚U1, U2' ... usw.) in den 50er Jahren nicht gab. Also wurde nach Bedarf reagiert. Und der war, das merkten wir mehr und mehr, in diesem Falle gegeben!

Was wurde nicht alles getestet. Das Hirnwasser war ‚ohne Befund', also völlig in Ordnung. Das Gehirn selbst war mit Röntgentechnik durchleuchtet worden, Ultraschall sowie Kernspin-Tomographie gab es damals noch nicht. Auch das Rückenmark war völlig in Ordnung.

Die Odyssee, die nun sowohl für das kleine Kind wie auch für meine Eltern und einige engere Verwandte, die mithelfen wollten, folgte, will ich hier gar nicht schildern. Sie würde den Rahmen des Themas sprengen. Eltern mit behinderten Kin-

dem kennen sie ohnehin und können selbst genug davon erzählen!
Ich mache da weiter, wo meine Schwester in punkto ‚Sprachheil-Therapie' als nicht erfolgreich therapierbar und geistig behindert eingestuft wurde und nach Hause zurückkam, wo alsdann meine Eltern mit dem Problem auf sich gestellt waren und mit ihnen die ganze Familie – inzwischen hatte ich noch einen fünf Jahre jüngeren Bruder, Thomas, bekommen. Was ich mit ‚auf sich gestellt' meine, wird klar, wenn man bedenkt, dass meine Schwester Angela sehr unruhige Nächte hatte, wovon alle übrigen Personen im Haus natürlich ebenfalls betroffen waren. Genauer gesagt, meine Schwester schrie oft – nun weit über zwei Jahre alt – die Nächte durch, von einer unbekannten Qual, die sich wahrscheinlich nur in ihrem Gehirn abspielte, gepeinigt. Ich weiß, dass dieses Schreien viel Angst beinhaltete, aber auch Wut, wahrscheinlich auf einer Bewusstseinsebene, die wir als ‚normale' Menschen kaum kennen!
Das alles war besonders für meine Eltern äußerst zermürbend. Ich erinnere mich an eine Nacht, als, um das Maß gewissermaßen voll zu machen, eine schwere Grippe kursierte und mein kleiner Bruder ebenfalls mit schwerem Brech-Durchfall im Bett lag, wegen der Dehydrierung schon völlig geschwächt. Der Hausarzt war tags zuvor da gewesen, er besaß damals als Einziger ein Auto für seine Hausbesuche, wir nicht. Es waren, wie gesagt, die berühmten 50er Jahre. Ein Telefon besaßen wir deswegen ebenso wenig.
Wir hatten vom Hausarzt gesagt bekommen, dass mein Bruder die Nacht über ständige Gaben von Fenchel-Anis-Tee benötigte, was meine Mutter dann auch einhielt. Trotzdem besserte sich sein Zustand in gefährlicher Weise nicht.

Nun könnte man meinen, dass in der Tatsache ein Vorzug zu sehen war, dass mein Vater eine Anstellung als Lehrer an der Schule im Gebäude gegenüber hatte, dort gab es nämlich ein Telefon. Leider war es aber auch eine Tatsache, dass der Direktor dieser Schule und Chef meines Vaters, ein ungehobelter Ignorant, dieses Telefon mit einem Vorhängeschloss abgesichert hatte, damit es nur ‚zu dienstlichen Zwecken' benutzt werden konnte. Da mein Vater wegen des persönlichen Einsatzes für einige Kollegen kein gutes Verhältnis zu ihm hatte, besaß er konsequenterweise keinen Zweitschlüssel. Auch ein freundliches Bitten bei diesem Menschen half nichts, sodass in der Tat kein neuerlicher Kontakt zu dem Hausarzt hergestellt werden konnte.
Somit blieb meinen Eltern nur die weitere Gabe von Fenchel-Anis-Tee für meinen kleinen Bruder, dessen Zustand sich gottlob dann über die Nacht besserte.
Ich habe das alles nur erzählt, um dem Vorurteil zu begegnen, Eltern eines behinderten Kindes würden die übrigen Kinder um seinetwillen vernachlässigen. Es ist vielmehr so, dass bisweilen die menschlichen Kapazitäten ausge- bzw. überlastet sind, insbesondere wenn das Umfeld nicht stimmt.
So vergingen die Jahre und es gab noch viele derartige Situationen. Aber es gab auch Menschen, Freunde, die halfen. So zum Beispiel, als im Jahre 1971 meine Schwester aufgrund einer Selbstverletzung, sie hatte eine ganze Zeit lang die Tendenz, sich mit scharfen Gegenständen in den Hals zu stechen, ins Krankenhaus musste und fast nicht mehr nach Hause kam: Eine Infektion hatte sich bis zur Lunge ausgebreitet und erforderte die Gabe eines damals noch seltenen und teuren Spezial-Antibiotikums, das selbst private Krankenkassen kaum zahlten. Meine Mutter übernahm sofort das Risiko mit

dem Kommentar: „Andere haben einen Porsche als Hobby, das ist auch teuer, mein Hobby ist eben mein Kind!“
Gleichzeitig übernahmen gute und nahe Freunde unserer Familie zyklisch die Nachtwache bei meiner Schwester im Krankenhaus. Sie hatte sich nämlich schon einmal von allen Infusionsschläuchen freigemacht und war durch die anderen Patientenzimmer auf der Suche nach meiner Mutter auf Wanderschaft gegangen, was natürlich nicht so bleiben konnte.
Mein Bruder und ich kamen während dieses heißen und aufregenden Sommers 1971 zu Verwandten, bei denen wir einen Teil der Ferien verbrachten, ständig natürlich telefonisch in Kontakt mit den anderen, sodass wir trotzdem über den Zustand meiner Schwester Bescheid wussten. Der allerdings war bisweilen so schlimm auf der Kippe, dass wir uns schon fast mit der Situation abfanden und uns Gedanken machten, ob ein Überleben ohnehin für sie, eingedenk aller Komplikationen hinsichtlich des Daseins als geistig Behinderte, wirklich die bessere Lösung bedeutete.
Es ging schlussendlich so aus, wie es eine kleine schwarzhaarige ausländische Krankenschwester prophezeite: „Die kommt durch!“ Sie hatte, wie man sagt, einen ‚sechsten Sinn’ für solche Dinge.
Meine Schwester überlebte und kam auch wieder nach Hause. Ständig war sie natürlich in Behandlung bei Ärzten, darunter auch Neurologen, immer in der Hoffnung, es gäbe weitere Erkenntnisse und sei es durch den medizinischen Fortschritt.
Gleichzeitig bewältigten meine Eltern ein immenses privates Beschäftigungsprogramm für sie, weil auch das vom Neurologen gesagt worden war: „Unternehmen Sie mit ihr etwas. Sie spürt, dass sie anders ist, aber dann leidet sie nicht darunter!“
Die ungeheure Anstrengung zeigte aber auch Resultate. So lernte meine Schwester – wenn auch unvollkommen – an-

satzweise sprechen und etwas schreiben. Eine Zeit lang besuchte sie eine Behindertenschule mit beschützender Werkstatt. Leider endete das Ganze, als sie aufgrund einer erzieherischen Maßnahme, sie sollte von einer neuerlichen Selbstverletzung abgehalten werden, einmal vom Nachtisch ausgeschlossen wurde. Dauernd verlangte sie aber nach eben diesem Nachtisch. Sie verstand die ganze Maßnahme nicht. Eine abschließende Diskussion meiner Eltern ergab, dass man so nicht weiter verfahren konnte, so fürsorglich das Ganze auch vom Personal der Schule gemeint gewesen war.

Also unternahm meine Mutter tagsüber mit ihr weite Wanderungen durch unser bergisches Land um unseren Wohnort. Meine Schwester lief ausdauernd wie eine Maschine, freute sich aber merklich, was wir daran ablesen konnten, dass sie die besagte Unternehmung immer wieder erfragte und wiederholte, beispielsweise ‚Am Dienstag Kupfersiefer Tal' oder ‚Im Mai mit dem Zug nach Köln' und dergleichen mehr.

Überhaupt brauchte sie strenge Regelmäßigkeiten und ein sicheres Wissen, was ihr gehörte und was nicht. Von uns Brüdern abgeschaut hatte sie sich unter anderem das Spielen mit der elektrischen Eisenbahn. Mit der selbst formulierten Aufforderung „Na spiel mit der Eisenbahn!" – natürlich ursprünglich von uns übernommen – setzte sie sich vor die Anlage und ließ ihre Züge fahren. Dabei freute sie sich auch schon auf die nächste Zugfahrt nach Köln mit der großen Eisenbahn.

Überhaupt zeigte sie im Laufe der Zeit erstaunliche Eigenschaften. Wir waren immer ein Haus mit viel Musik gewesen. Mein Vater hatte leider seinen ursprünglichen Berufswunsch – er wollte Geigenvirtuose werden – durch eine im Krieg erlittene Handverletzung nie realisieren können. Somit blieb ihm neben dem Beruf des Pädagogen, seiner weiteren großen Stärke, nur das Musizieren zu Hause, was aber für uns alle stets mit dem Erleben der besten Melodien aus dem Bereich der Klassik verbunden war, was mir noch heute eine Bereicherung ist. Aber auch meine Mutter hatte sich stets musikalisch betätigt und beispielsweise in zahlreichen Chören mitgewirkt, wenn auch die Belastung durch meine behinderte Schwester dem leider mehr und mehr schon rein zeitliche Grenzen setzte. Meine Schwester aber machte zu Hause, so gut sie konnte, ebenfalls mit. Sie hatte schon früh ein Instrument geschenkt bekommen, das wir damals ‚Glockenspiel' nannten. Man kann das auch als ein kleines Xylophon bezeichnen. Es hatte der Tonleiter entsprechend geformte und abgestimmte Metallplatten, die man mit einem Klöppel anschlagen konnte. Damit begleitete sie uns bei Anlässen in der Adventszeit und zu Weihnachten oft während des Singens. Dabei fand mein Vater heraus, dass sie ein so genanntes ‚absolutes Gehör' besitzt, einen Sinn also für die absolute Höhe und Lage einer Tonleiter!

Nun machte ich nach einiger Zeit eine ebenso interessante Feststellung. Meine Schwester hatte oft auch mit Wasserfarben gemalt und besaß deswegen unter anderem einen Tuschkasten mit allen Farben. Irgendwann muss sie auf die Idee gekommen sein, die Metallplatten des Xylophons mit diesen Farben anzumalen. Niemand hatte sie dazu angeleitet oder auch nur auf die Idee gebracht. Man mag sich nun wundern, was eigentlich daran so Besonderes sei, zumal nicht nur von Kindern bekannt ist, dass sie Töne mit Farben verbinden.

Nein, erstaunlich war nur, dass sie die Wellenlängen des sichtbaren Lichts genau den entsprechend tiefen, mittleren und hohen Tönen zugeordnet hatte. Ich will das kurz erläutern: Rotes Licht entspricht, wie wir wissen, im elektromagnetischen Spektrum den großen Wellenlängen, grünes den mittleren und blaues und violettes den kurzen und sehr kurzen im sichtbaren

Bereich. Licht können wir aber normalerweise und ohne technische Hilfsmittel nicht ‚hören'. Es stellt sich eben im optischen Bereich als Farbe dar. Meine Schwester jedoch brachte das Kunststück fertig, die Metallplatten, die den tiefen Tönen entsprechen, rot anzumalen, entsprechend die der mittleren Töne grün und die den hohen Tönen zugeordneten blau und violett. Dabei verwendete sie sogar entsprechende Farbtöne für die Übergänge. Im Grunde repräsentierte also ihr Glockenspiel genau den Regenbogen.

Zu dieser Zeit hatte ich bereits mit meinem naturwissenschaftlichen Studium begonnen. Die motivierenden Ereignisse dazu lagen in der Vergangenheit: Die Einführung des Farbfernsehens 1967 und die erste Mondlandung 1969. Dadurch war ich auch zu diesem Zeitpunkt für derartige Ereignisse sensibel geworden. Meine Schwester war, so sah ich es, der lebende Beweis, dass der Mensch ganzheitlich konzipiert ist. Das bedeutet, dass die Phänomene ‚Schwingung' und ‚Welle' einen Oberbegriff darstellen, egal, ob sie in optischer oder akustischer Form auftreten. Interessant war nur, dass meine Schwester aufgrund ihrer Behinderung leider nie ein Physikstudium oder auch nur eine entsprechende Schulausbildung genießen konnte. Offenkundig waren ihr die Zusammenhänge zwischen Farben und Tönen als grundsätzliches Phänomen im Sinne eines Oberbegriffes bekannt, mit welchem Bewusstseinsgrad allerdings, das wird nie zu ergründen sein.

Überhaupt, das Phänomen Bewusstsein. Oft hatten wir uns gefragt, wie und in welchem Grad sie ihre Behinderung subjektiv empfindet. Bisweilen hatten wir den Eindruck, dass sie sehr wohl ihr Handicap bemerkte und entsprechend unwillig reagierte. In anderen Momenten war sie sehr selbstvergessen, lachte und freute sich augenscheinlich. Da sie ständig bei uns wohnte, lernten wir mit der Zeit ihr Verhalten immer besser

kennen und deuten. Die Kommunikation entsprach bisweilen fast der mit einem anderen Wesen, dessen Logik und Denken ergründet werden musste.
Das hielt ich einmal meinem Vater entgegen, als er – wieder einmal – die Behinderung meiner Schwester als ‚Strafe Gottes' bezeichnete. Warum er das so empfand und wofür er hätte bestraft werden sollen, war mir nie klar. Er hatte nie etwas getan, das so ein Elternschicksal verdient hätte, im Gegenteil. Uns Söhne förderte er, wo er konnte, und wenigstens von mir kann ich sagen, dass er seinen heimlichen Berufswunsch für mich, Musiker zu werden (was er selbst nicht gekonnt hatte), fahren ließ, als ich mich für die Naturwissenschaften entschied.
Ich fand also diese Bemerkung unpassend und begründete das wie folgt: Unsere Schwester ist durch ihre Art, wie sie nun mal ist, ein ‚anderes Wesen'. Man muss das so einordnen, wie es beispielsweise als Situation auf die ganze Menschheit zukäme, wenn der Kontakt mit Außerirdischen hergestellt würde. An diesem denkwürdigen Tag wären auf einmal Strategien gefragt, die nicht, wie in billigen utopischen Filmen, sofort die Strahlenwaffe zücken lassen. Dann wäre eine Übertragung von Bewusstseinsinhalten, und zwar möglichst fehlerfrei, notwendig! Es wäre gefordert, Gemeinsamkeiten herauszuarbeiten, Inhalte also, die sowohl die Fremden als auch uns herausfordern – im Sinne des Glücks, aber auch des Unglücks, im Sinne von Gut und Böse und in der Weise, wie die Seele sich darüber freut oder abgrundtief leidet!
Nur dann wären wir in der Lage, Grenzen und auch Möglichkeiten von Wesen zu ergründen, die wir zunächst einmal vordergründig nicht verstehen können!

Mein Vater war eher konservativ und ich weiß nicht, wie er dieses Argument aufnahm, weil er nichts weiter dazu sagte. Aber meine Mutter sagt noch heute, ihr hätte es gut getan.
Wir haben noch viele Stunden, Tage und Jahre mit meiner Schwester zusammen erlebt. Ich habe in ihrer Anwesenheit Klausuren für das Abitur und mein Studium vorbereitet, die Diplomarbeit geschrieben, mit meiner Mutter zusammen Hörspiele und Musik gehört oder sonst was getan. Immer war sie anwesend, denn meine Eltern hatten sie nie wieder nach auswärts gegeben, weil die Konsequenz mit Sicherheit wieder neue Missverständnisse und Konflikte gewesen wären.
Wir und unsere Freunde unternahmen viel mit ihr, mein Vater beispielsweise fuhr sonntags regelmäßig mit ihr zum Flughafen Köln-Bonn, in dessen Nähe wir wohnen. Ihre teilweise sichtbare Liebe zu technischen Verkehrsmitteln – Eisenbahn und Flugzeugen – lässt erahnen, dass sie, wäre sie ‚normal', auch ein geistiges Potential für dieses Fachgebiet entwickelt hätte, zusammen mit ihrer großen Musikalität.
Nachdem ich den Führerschein erworben hatte, übernahm ich teilweise diese Aufgabe an den Wochenenden, wenn ich von meinem Studienort Aachen heimkehrte. Das galt auch für meinen Bruder.
Meine Mutter betreut meine Schwester bis heute, mein Bruder wohnt auch noch zu Hause und hilft ihr. Ich selbst heiratete meine liebe Frau im Jahre 1983 und sie akzeptierte meine Schwester ebenso wie meine Schwiegereltern, für die auch keine Berührungsängste bestehen.

Leider erfolgte von unserer Seite alsbald ein weiterer Umzug nach Süddeutschland, begründet durch beruflichen Wechsel, sodass ich heute nur noch bei besonderen Gelegenheiten die Möglichkeit habe, meine eigene Familie und meine Schwester

zusammenzubringen. Ich kann aber beobachten, dass auch meine Kinder keine Berührungsängste haben, sondern sogar einen liebevollen Zugang zu meiner Schwester entwickelten. Dabei war besonders interessant, dass umgekehrt meine Schwester genau zu dem unserer Söhne Zuneigung zeigte, der einige Jahre später von einer chronischen Krankheit heimgesucht wurde. Das äußerte sich beispielsweise in der Tatsache, dass meine Schwester ihn mit ihren Sachen spielen ließ, eine Toleranz, die sie gegenüber anderen nicht so leicht entwickelte. Als hätte sie das alles vorausgeahnt.
Wenn ich zudem in der Zeit zurückblicke, fallen mir verschiedene Dinge auf, die wahrscheinlich ohne die Behinderung meiner Schwester nicht so gelaufen wären. Als junges Ehepaar beispielsweise waren wir uns über die Möglichkeit eines behinderten Kindes natürlich bewusster als andere Menschen. Nicht, weil die Behinderung meiner Schwester mit Erbfaktoren zu tun hatte, von daher drohte keine Gefahr. Aber die Nähe eines behinderten Menschen öffnet immer die Augen, auch in genereller Weise. Das Schicksal wollte es, dass unsere erste Schwangerschaft eine sogenannte ‚Blasenmole' wurde: Eine krebsartige Wucherung anstelle der Frucht, die tödliche Gefahr in sich birgt in dem Sinne, dass sie sich – ähnlich der Metastasen beim Krebs – über den Körper verteilen kann. Ein Arzt, mit dem wir inzwischen befreundet sind, half meiner Frau durch eine qualifizierte Operation und ermöglichte erst, dass wir überhaupt Kinder bekommen konnten. Ich schreibe das ausdrücklich auch auf Wunsch meiner Frau, da dies verständlicherweise ein sehr persönliches Thema ist. Dazu gehört nämlich auch, dass uns der Sachverhalt um die Blasenmole erst sehr spät bekannt wurde. Genauer gesagt, erst zum Zeitpunkt nach der Operation: Zunächst lebten wir in der freudigen Erwartung des ersten Kindes. Dann etliche Wochen in der

Vorstellung, möglicherweise ein stark missgebildetes Kind oder gar eine Totgeburt erleben zu müssen. Der Ultraschall erlaubte mehrdeutige Interpretationsmöglichkeiten. Schließlich mussten wir für eine Operation mit ungewissem Ausgang die Zustimmung für eine möglicherweise notwendige Abtreibung geben. Wir wollten aber, wenn irgend möglich, das Kind. Was das bedeutete, können nur Frauen nachvollziehen, die so etwas durchgemacht haben. Als dann der Ausgang der Operation bekannt wurde, erfolgte nicht etwa plötzlich ein Umschalten im Kopf mit anschließender Erleichterung. Nein, der Eingriff, der dann vorgenommen werden musste, nur um meiner Frau schier das Leben zu retten, hatte die seelischen Ausmaße einer Abtreibung: Auch von dieser Leibesfrucht musste Abschied genommen werden!

Mit meiner behinderten Schwester vor Augen, waren wir uns auch und gerade nach diesem Eingriff umso bewusster, dass auch unser erstes Kind behindert sein könnte. Unsere Tochter war es nicht und mein Vater, der damals noch lebte und unsere Tochter noch anderthalb Jahre lang erlebte, fand in ihr das ‚kleine Mädchen' wieder, das er sich so gewünscht hatte!

Als er 1988 starb, war ich bei aller Trauer wenigstens darüber froh, dass er sie noch kennen gelernt hatte.

Unsere Kinder sind auch in dem Sinne anders geworden, als dass sie niemals Gesundheit an Geist und Körper für selbstverständlich halten werden. Das bringt natürlich Problematik im Denken, ja auch im Alltag des Aufwachsens mit sich. Nie werden sie, dessen bin ich überzeugt, leichtfertig die Not anderer übersehen. Sie werden auch immer einen Teil Schwermut in sich tragen. Aber gehört das nicht zum Leben? Ist das nicht ferner eine Art ‚Schutzimpfung der Seele' gegen die ganz große Überraschung, wenn das Unheil in einer vorher völlig ‚intakten' Familie zuschlägt?

Wir wollten auch unser drittes Kind dann mit aller Macht, auch, als bekannt wurde, dass meine Frau mit ihm einen Tumor in der Gebärmutter trug, der gefährlich werden konnte. Wieder die Entscheidung, wieder eine kritische Operation. Der Sohn war wieder gesund. Ich weiß nicht, was uns zu dieser Risikobereitschaft angetrieben hatte, aber sicherlich ist es nicht falsch, zumindest, was mich betrifft, dass das Leben mit einem behinderten Kind irgendwie aus der Vergangenheit vertraut erschien. Nie hätten wir es seelisch verkraftet, und ich glaube, da kann ich auch für meine Frau sprechen, wenn wir aus Angst vor diesem Risiko abgetrieben hätten! Zu wertvoll erschien uns zu jedem Zeitpunkt die Tatsache, dass ein Mensch lebt, Seele und Bewusstsein hat und sich freuen kann, wie auch immer sich das äußern mag!
Unsere Eltern hatten den Krieg als vorangegangenes Ereignis. Unsere Großeltern sogar zwei Kriege, in denen sie alles verloren. Not und Tod gehörten zu ihren Alltagserlebnissen! Wir hatten das nicht, wir wuchsen relativ geborgen, mit Abstrichen hier und da natürlich, auf. Die große globale Katastrophe gab es Gott sei Dank nicht. Trotzdem müssen wir uns über die ‚Leihgabe Leben' umso bewusster werden. Das ‚Recht auf Glück', wie es die amerikanische Verfassung postuliert, existiert real nicht. Weil wir die Welt nicht erschaffen haben und keinerlei Leistung in ihr Dasein investiert haben. Aber für ein Geschenk darf man sich bedanken!
Ich möchte an dieser Stelle, dem Ende meines Textes, einen Appell an alle Mitmenschen behinderter Kinder, aber auch Erwachsener, richten:
Verkennen Sie bitte nicht den großen Wert, den Behinderte für die ganze Menschheit haben. Sie eröffnen uns eine Tür zu einer anderen Welt, die sich auf dem Gebiet der Seele und des Bewusstseins ereignet. Wir sehen das beispielsweise

daran, dass Naturvölker sehr oft ihre geisteskranken Angehörigen als heilig oder besonders inspiriert ansehen. Möglicherweise ist uns hier im ‚entwickelten' Westen etwas verloren gegangen. Hier hat alles zu funktionieren. Das mag ja im Allgemeinen auch passend sein, um Wohlstand und Frieden aufrecht zu erhalten, es wäre zu billig, darüber nur zu lästern. Aber wir sollten den Anspruch erheben – und ich meine, das dürfen wir, ohne unbescheiden zu sein – ‚alles' zu wollen: Den Frieden, den Wohlstand, aber auch die ständige Erinnerung an das, was nicht linear und stromlinienförmig ist! Nichts weniger als eine real bessere Welt eben!
Und so übernehme ich gerne die Worte des russischen Dichters Jewgeni Jewtuschenko, der in seinem Hörspiel ‚Jeder Mensch ist eine Supermacht' den berühmten amerikanischen Kinderarzt, Dr. Spock, in einem ergreifenden Appell gegen die Neutronenbombe sagen lässt: „... o ja, ich bin subversiv, ich hetze euch auf: Habt Kinder lieb!"

Johannes, 52 Jahre

Dorothea, das heißt Gottes Geschenk

Ein Leben lang hat mich interessiert und beschäftigt, wie ein behindertes Kind am besten zu fördern sei und wie es um die Einstellung unserer Gesellschaft zum behinderten Leben bestellt ist.
Aber erst in den letzten Jahren habe ich mit Hilfe der professionellen Begleitung für Geschwister von Menschen mit Behinderungen durch Marlies Winkelheide und Charlotte Knees aus einem neuen Blickwinkel heraus verstanden, wie es mir eigentlich selbst als ‚Geschwisterkind' ergangen ist. Einiges hatte ich zwar als Kind und Jugendliche gefühlt und geahnt, aber in seiner Bedeutung für mich nicht so recht wahrgenommen. Die Möglichkeit, mich neu zu klären und auch in meinen ambivalenten Gefühlen besser verstehen zu lernen, hat mir gut getan.
Mit Dank stelle ich deshalb hier mein Erleben mit meiner behinderten Schwester zur Verfügung.
Ich wuchs in einer Pfarrersfamilie auf und war, als fünfte von insgesamt sechs Kindern, ein so genanntes mittleres Kind. Meine älteste Schwester war zwölf Jahre älter als ich. Sie fuhr als Au-pair-Mädchen für ein Jahr ins Ausland, als ich zur Schule kam, und studierte anschließend ‚aufs Lehramt' in einer entfernten Stadt. Wenn sie ab und an zu Besuch nach Hause kam, wurde das festlich gefeiert und sie stand mit ihren mitgebrachten Geschenken und ihrem Erzählen ganz im Mittelpunkt der Familie. Meine zweitälteste Schwester, sechs Jahre älter als ich, heiratete früh, bekam sieben Kinder, von denen das jüngste eine schwere Behinderung mit umfassendem Betreuungsbedarf hat und heute in einem anthroposophischen Heim in Süddeutschland lebt, nachdem diese mir vertrauteste Schwester vor zirka zwölf Jahren an einem sehr

aggressiven Brustkrebs innerhalb eines Jahres starb. Von meinen beiden älteren Brüdern lebt einer verheiratet, aber ohne Kinder in Bayern, der andere mit einem Sohn in Norddeutschland.
Meine sechs Jahre jüngere Schwester, drei Jahre nach Kriegsende geboren, hat das Down-Syndrom. Meine Eltern nannten sie nach schwerem innerem Ringen Dorothea, das heißt Gottes Geschenk. Sie gaben damit eine Haltung und Einstellung vor.
Dorothea lebt inzwischen in einem Wohnheim in meiner Nähe und arbeitet, obwohl schon verrentet, in einer wettbewerbsgeschützten Werkstatt.
Zunächst hatte sie, nachdem meine Eltern Anfang der Achtzigerjahre gestorben waren und ich die gesetzliche wie auch die reale Betreuung für Dorothea übernommen hatte, neun Jahre lang als mein Pflegekind bei meinem Mann und mir gewohnt.
Mein Mann sagte manchmal belustigt, manchmal seufzend: „Ich habe wohl zwei Frauen!", denn Dorothea himmelte ihn an. Er war aber einverstanden gewesen, dass ich meine Schwester ‚mit in unsere Ehe eingebracht' hatte. Als mein Mann 1992 nach monatelanger schwerer Pflegebedürftigkeit starb, mochte ich Dorothea nicht auch noch hergeben, zumindest nicht sofort. So blieb sie weitere fünf Jahre trotz meiner Berufstätigkeit bei mir, bevor ich sie schweren Herzens in dem Wohnheim, das zu der ihr schon vertrauten Werkstatt gehört, unterbrachte.

Was hat es für mich als Kind und Jugendliche bedeutet, eine behinderte Schwester zu haben?
Als Kind wusste ich zwar theoretisch darüber Bescheid, dass meine Schwester eine geistige Behinderung hat, die man damals noch Mongolismus nannte, aber im familiären Alltag

nahm ich Dorothea mit großer Unbefangenheit genauso hin, wie sie nun einmal war, ich muss sie wohl als völlig normal empfunden haben. Ich hatte ja keine anderen kleineren Geschwister zum Vergleich, hatte daher auch keine Vorstellungen darüber, wie sich ein Kind normalerweise entwickelt, und ich dachte auch überhaupt nicht darüber nach, was normal und was nicht-normal an ihr sein könnte.

Das, was mich störte oder was mir gefiel, bezog ich nicht auf ihre Behinderung, sondern auf sie als Person.

Meine Eltern beschäftigten sich beide viel mit Dorothea und meine Mutter bemühte sich, uns Kinder nicht zu sehr mit der Aufsicht für Dorothea zu belasten.

Dennoch habe ich in meiner Erinnerung unentwegt mit Dorothea gespielt, sie gefüttert, zum Aus- und Anziehen überredet, sie stundenlang in den Schlaf gesungen, sie auf dem Weg zum Kindergarten und später zur Schule begleitet und mir eine Vielzahl von Tricks überlegt, um sie von ihrem Dickkopf abzubringen, aus emotionalen Sackgassen herauszuführen, sie zum gewünschten und notwendigen Mitmachen zu bewegen.

Einige Beispiele dazu: Dorothea pflegte sich eine Zeit lang mitten auf eine befahrene Straßenkreuzung zu setzen, beziehungsweise sie ließ sich plumpsen. Dort verkündete sie lautstark: „Mach ich, ich will!“, und war von mir nicht mehr von der Stelle zu bewegen.

Es war mir peinlich, wenn sie einem Polizisten aufgeschnappte Schimpfworte zurief, der uns das Schlittenfahren auf der Straße verbot. Lauthals erklärte sie: „Ist meine Mund!", wenn ich sie zum Schweigen bringen wollte.

Bald fühlte sich der örtliche Kindergarten mit ihrer Betreuung überfordert, deshalb konnte sie dort nicht bleiben. Im damaligen Schulsystem galt sie zunächst als ‚bildungsunfähig’ und so wurde sie ausgeschult. Einige Jahre später gab es in der

25 km entfernten Kreisstadt einen Schulversuch, an dem sie teilnahm, sie musste aber von uns hin- und hergebracht werden. Das brachte unser Familienleben, den Pfarrhaushalt mit seinen sechs Kindern und zahlreichen Gemeindeaufgaben, die auch meine Mutter mit zu bewältigen hatte, ziemlich in Unordnung.

Für ein halbes Jahr übernahm ich nach meinem eigenen Schulabschluss diese Aufgabe. Mussten wir eilig die lange Bahnhofstraße entlanglaufen, um die Eisenbahn noch zu erreichen, oder wollten wir von dort wieder eilig zurück nach Hause, wurde Dorothea immer langsamer, je mehr ich sie drängelte.

Ich machte simple Wettspiele mit ihr, zum Beispiel wer zuerst am nächsten Baum ist (es waren 33 Buchen an der Straße bis zum Bahnhof) oder ich sang mit ihr Marsch- und Wanderlieder. Im überfüllten Zug versteckten wir uns im Sitzen abwechselnd hinter den Mänteln, um dann nach gemeinsam gesprochenen Abzählversen hoch dramatisierend den anderen zu suchen, wobei ich immer einmal meine eigene Rolle und dann wieder ihre Rolle stellvertretend einzunehmen hatte. Manchmal spielte ich mit ihr, allerdings mit schlechtem Gewissen, ‚Um die Wette lesen', damit ich sie beschäftigen und gleichzeitig in meinem spannenden Buch weiterlesen konnte.

Dass meine Mutter oft krank, erschöpft und zeitweise auch wohl depressiv war, brachte ich nicht mit Dorothea in Verbindung. Aber ich konnte es nicht ertragen, wenn sie traurig oder verstimmt war und war immer bemüht, ihr zu helfen und ihr meinerseits keine Sorgen zu machen.

Auch dass ich selbst oft unter Ohnmachtsgefühlen litt, mich in Tagträumereien verlor, dass mich Kinder generell langweilten und ich als Jugendliche keineswegs gern mit kleinen Kindern spielte, obwohl das doch jeder von mir glaubte und ich ja den-

noch zunächst Kindergärtnerin, später Lehrkraft an Schulen für geistig Behinderte, Heilpädagogin, Logotherapeutin wurde – das alles brachte ich jahrzehntelang nicht mit meiner behinderten Schwester in Verbindung.
Im Gegenteil, noch im gesetzten Alter von 50 Jahren wurde ich ärgerlich, wenn mir wieder einmal jemand, wohlwollend natürlich, unterschob, ich sei in die soziale Arbeit gegangen und dort erfolgreich, weil ich von klein auf meine einschlägigen Erfahrungen mit Dorothea gemacht hätte.
Ich pflegte dann zu sagen, dass meine Berufswahl mit meiner behinderten Schwester überhaupt nichts zu tun habe, und dass ich ja wohl auch unabhängig von ihr eigene Ideen und Kompetenzen haben dürfe.
Andere Menschen meinten, ich hätte mir ja wohl nicht zugetraut, mich der Auseinandersetzung mit normal entwickelten, intelligenten Kindern zu stellen und sei deshalb in die Behindertenarbeit gegangen.
Mich selbst aber hat viele Jahre lang brennend etwas anderes interessiert, nämlich, was wohl das jeweils Originelle, das jeweils Eigene eines Menschen ist, von mir als wertvoll empfunden, und was das lediglich Übernommene, Nachgeahmte ist und entsprechend von mir als minderwertig beurteilt wird.
Diese Fragen müssen sich wohl einerseits in der Suche nach meiner Identität auf mich selbst bezogen haben, andererseits aber, mir damals viel wichtiger und bewusster, auf die Frage, zu wie viel geistiger Selbstständigkeit Dorothea als ein Mensch mit geistiger Behinderung fähig ist und wie sie in ihrer Entwicklung dahingehend am besten zu fördern sei.
Dazu zwei Gedankengänge:
1. Ich selbst als fünftes von sechs Kindern hatte lange Zeit den Eindruck, dass es nichts gab, was an mir originell und einmalig war. Alles, was mir einfiel, was ich konnte und mach-

te, hatten meine älteren Geschwister schon vor mir und auf jeden Fall auch besser gekonnt, beispielsweise Instrumente spielen, singen, tanzen, und sie schienen mir auch schlauer zu sein. Im Gymnasium bekam ich, so meinte ich, fast unbesehen die Noten, die meine Geschwister auch schon bekommen hatten, von denselben Lehrern, und ich vermisste eine individuelle Würdigung meiner Leistungen.
Auf der Suche nach dem Besonderen, was ich nun sein könnte, begann ich wohl, mich mit meiner behinderten Schwester hervorzuheben. „Ich habe eine behinderte Schwester!“ Mit dieser Aussage konnte ich Aufmerksamkeit erzielen und Gespräche eröffnen. Mindestens drei Jahres- und Examensarbeiten schrieb ich zum Thema ‚Behinderung'. Als ich etwa 40 Jahre alt war, wurde mir allerdings einmal entgegengehalten, ein Kind mit Down-Syndrom sei ‚pflegeleicht' und deshalb dieses Problem ja wohl ‚kaum der Rede wert' – somit war mir ‚mein Besonderes' wieder entschwunden.
2. Ich habe vorhin den Begriff ‚minderwertig' benutzt. Es wurde mir erst als Jugendliche und als junge Erwachsene bewusst, dass für meine Eltern Intelligenz und Bildung einen sehr hohen Stellenwert hatten, während Intelligenzminderung eigentlich als etwas Minderwertiges galt. „Ist ein geistig Behinderter, früher Schwachsinniger oder auch Blödsinniger genannt, zu einer personalen Beziehung fähig?", so war die bange Frage meiner Mutter bei der Geburt ihrer jüngsten Tochter und das blanke Entsetzen muss sie bei dieser Frage erfasst haben.
Lange Zeit merkte ich nicht, dass ich mit meiner bohrenden Suche nach geistiger Selbstständigkeit wohl auf einem ähnlichen Weg war und fing an, unausgesprochen, meinen Eltern intellektuellen Hochmut vorzuwerfen. Auch, dass meine Eltern zwar den Verein Lebenshilfe an ihrem Wohnort mitgründeten,

sich für die Einrichtung von Schule, Werkstatt, und Freizeitgruppen für Behinderte einsetzten, dass meine Mutter aber keine Behinderten zu Dorotheas Gesellschaft, zum Beispiel zu ihren Geburtstagen, einladen mochte, weil diese doch so ‚sehr primitiv' wären, habe ich jahrelang anprangern wollen. In meinen inneren Vorwürfen rückte ich meine Eltern mal in die Nähe einer doppelbödigen christlichen Moral und mal in die Nähe nationalsozialistischer und darwinistischer Irrlehren.
Versuchte ich mit meinen idealistischen Vorstellungen und meinem großen sozialen Engagement mir zu beweisen, dass ich selbst so verwerflich nicht bin?
Heute bin ich milder geworden, lächle über meine Ereiferungen und wilden Versuche, etwas herauszufinden, was so nicht herauszufinden ist, und tue Abbitte bei meinen Eltern, die gewiss das Ihrige so gut wie möglich getan haben.
Nur manchmal meine ich noch der Frage nachgehen zu müssen, warum ausgerechnet die Intelligenz eines Menschen in unserer Gesellschaft einen solch hohen Stellenwert besitzt und warum es für Eltern so furchtbar ist, ein Kind mit eingeschränkten intelligenten Fähigkeiten zu haben.
Nur manchmal noch muss ich die provokative Frage stellen, ob die gängigen Proklamationen zu Autonomie und Integration eines Behinderten nicht auch viel damit zu tun haben könnten, dass ‚man' selbst der Aufgabe des Pflegens und Betreuens eines Menschen mit Behinderungen entkommen will, oder gar der Aufgabe, sein Leben mit einem Behinderten teilen zu müssen!
Und es bleibt auch meine Frage, warum ich die Einzige unter meinen Geschwistern bin, die sich mit Fragen und Nöten von Familien behinderter Kinder und deren Geschwistern beschäftigt.

Was bedeutet es heute im Alltagsleben als Erwachsene für mich, eine behinderte Schwester zu haben?

1. Es bedeutet, für sie mitzudenken und initiativ zu sein, ihr aus dem Urlaub Karten zu schreiben, die sie selbst zwar kaum lesen kann, aber gerne mit sich herumträgt. Es bedeutet, ab und zu bei ihr im Wohnheim anzurufen. Wenn ich mit ihr telefoniere, freue ich mich an ihrem „Hallo, Liebes!". Viel mehr kann auch ich nicht verstehen von dem, was sie sagt. Vielleicht verstehe ich ihre Frage: „Wann kommst du und holst mich ab?" Dann ist es nicht leicht für mich, eine Antwort zu finden, die für sie und für mich in gleicher Weise stimmig ist. Selbstverständlich habe ich gelernt, Fragen möglichst so zu stellen, dass meine Schwester sie mit „Nein" oder „Ja" beantworten kann, und die möglichst keine Alternativfragen sind. Ich weiß, dass sie keine Ironie versteht und keine doppelt verneinenden Fragen.
2. Es bedeutet für mich, mir ein- bis zweimal monatlich das Wochenende freizuhalten, um sie zu mir nach Hause zu holen. Darin wechsle ich mich mit meiner älteren Schwester ab. Die Brüder wohnen zu weit weg. An solch einem Wochenende kann ich mit ihr einkaufen, im Park spazieren gehen, Memory spielen, Wäsche waschen, aufhängen, bügeln und kochen – sehr viel kann ich nebenbei nicht tun. Da ich berufstätig bin, bleibt viel liegen. Wie habe ich es bloß geschafft, als Dorothea nach dem Tod meiner Eltern ganz bei mir und noch nicht im Wohnheim wohnte?
3. Es bedeutet für mich, das Konto meiner Schwester zu verwalten, Schriftverkehr mit Krankenkasse, Pflegekasse, Versorgungsamt, Rentenkasse, Beihilfekasse, Landeswohlfahrtsverband, mit dem Finanzamt, dem Wohnheim und der Werkstatt zu führen – einmal jährlich dem Vormundschaftsgericht

gegenüber Rechenschaft abzulegen über alle Einnahmen und Ausgaben und über den Vermögensstand.
4. Es bedeutet nicht, dass ich finanziell für meine Schwester aufkommen muss – für Brüder und Schwestern ist man in Deutschland nicht unterhaltspflichtig.
Es bedeutet nicht, dass ich gesetzlich verpflichtet wäre, sie in meinem Haushalt zu betreuen und zu pflegen (moralisch ist das allerdings eine andere Frage). Für Heim- und Pflegekosten kommt bisher der Staat auf.
5. Es bedeutet nicht, dass ich in Dorothea einen Gesprächspartner hätte über Politik und das Weltgeschehen, über berufliche und private Sorgen, über Ferienerlebnisse, Literatur, Philosophie, über meine Ängste und Sehnsüchte.
Aber, als ich meinen Hund einschläfern lassen musste, der mir nach dem Tod meines Mannes besonders ans Herz gewachsen war, bin ich noch abends spät zu meiner behinderten Schwester ins Wohnheim gefahren und habe mich von ihr trösten lassen. Sie fragte nicht viel, nahm mich in ihre Arme, drückte mich und brummelte mit ihrer tiefen Stimme etwas von „Hundehimmel!".
Als ich im letzten Jahr mit ihr an der Nordsee Urlaub machte und sie behutsam am Arm in die Wellen führte und sie sich an mich klammerte, sagte ich zu ihr: „Du brauchst keine Angst zu haben, ich halte dich ganz fest!" Da lachte sie durch ihre Angst hindurch und sagte: „Ich dich doch auch!"

Und so ist es auch. Dorothea als Schwester zu haben, bedeutet, dass mir lieb und warm ums Herz ist, wenn ich an sie denke. Es bedeutet für mich, ein Stück Heimat bei ihr zu haben und inneren Halt. Sie kann trösten und beruhigen, erheitern und ich werde gelassener in ihrer Nähe. Und ich werde auch besser gestimmt, wenn ich sie frage: „Wie geht es dir denn?“, und sie immer prompt antwortet: „Gut geht’s mir, Liebes!“

Christa, 63 Jahre

Sterben und Tod unseres behinderten Bruders

Er war der Jüngste von uns drei Geschwistern, geboren 1952 als Wunschkind. Wir beide Schwestern sind während des Krieges zur Welt gekommen. Unsere Mutter war zur Zeit der Geburt ihres Jüngsten 42 Jahre alt.
Ulli blieb bis zum Alter von 10 Jahren zu Hause, das heißt in der Obhut meiner Mutter. Er hatte bis dahin keinen Kindergarten und keine Schule besucht, die gab es damals noch nicht. Dann machte Ulli die Situation dringlich: Er weinte und tobte, wenn wir Mädchen fortgingen. Mit Christa wollte er oft in ihren Kindergarten mitgehen und weil das nicht möglich war, wollte er weniger essen, um wieder ein kleines Kindergartenkind zu werden. Er wollte auch in die Welt hinaus!
Nach langem Suchen fanden wir in Marburg an der Lahn das erste Heim der Lebenshilfe in Deutschland, 150 km von uns entfernt. Ulli gefiel es dort sehr gut, er fand Freunde und bekam endlich Unterricht. Unser Vater holte ihn alle vier Wochen nach Hause. Er kam immer frohgemut aus Marburg und fuhr am Sonntag voller Erwartungen wieder zurück. Dafür waren wir immer dankbar. Nach dem Tod meines Vaters hat meine Schwester Christa die Vormundschaft und Sorge für Ulli übernommen. Mutti, die bis zu ihrem Tod mit 86 Jahren mit meiner Schwester zusammen im elterlichen Haus wohnte, stöhnte immer mal wieder: „Wer wird sich denn um Ulli kümmern, wenn ich nicht mehr da bin?“ Unser Vater hatte da schon anders vorgesorgt: Das Haus habe er für Ulli gebaut, damit er immer eine Heimat habe.
Und das fanden wir auch, also kam Ulli weiterhin nach Hause, sogar mit dem Zug schaffte er es.

Hier beginnt die eigentliche Geschichte über Krankheit, Sterben und Tod unseres jüngsten Bruders (mit Down-Syndrom), die meine Schwester und ich mit ihm erlebt haben.
Es war im April, vier Monate vor seinem Tod, da hatte Ulli den Wunsch, nach Hause zu kommen. Aber Christa hatte an dem Wochenende etwas vor und das besprachen die beiden auch so am Telefon. Es nützte nichts, Ulli wollte nach Hause. Also lief er unbemerkt aus dem Wohnheim weg, zum Bahnhof, und fuhr, wie er es geübt hatte, mit dem Zug nach Paderborn.
Irgendwann in der Nacht klingelte bei mir in Süddeutschland das Telefon. Die Polizei erklärte mir, sie habe Ulli völlig erschöpft in der Stadt aufgefunden und bei Christa würde sich niemand melden. Wo sie mit ihm hin sollten? Ich schickte ihn mit einem Taxi zurück ins Wohnheim.
Wir waren nicht so sehr über die teure Taxifahrt erschrocken als vielmehr über sein eigenwilliges Verhalten. Das war in seiner 40jährigen Wohnheimzeit nur einmal vorgekommen. Nach langen Beratungen beschlossen wir, dass wir ihn ‚erziehen' müssten. Ach, wenn wir doch damals schon gewusst hätten, dass er so krank war!
Es folgten wieder die regelmäßigen Heimfahrten. Nach Pfingsten fuhr Christa zur Kur und Ulli fuhr mit der Wohngruppe in Urlaub. Für Juli war unser nächstes Treffen geplant.
Als die Schulferien bei uns in Süddeutschland anfingen, besuchten mein Mann und ich zuerst Christa in der Kur und fuhren dann weiter nach Marburg zu Ulli. In seinem Zimmer trafen wir einen völlig veränderten Mann – abgemagert, mit faltiger, gelber Haut, einem aufgedunsenen Bauch und großen, großen Augen. Mit denen strahlte er uns an und lächelte ununterbrochen.
Er sprach fast nichts.

Die Mitarbeiter erzählten uns von seinem Kranksein in diesem unerträglich heißen Sommerurlaub, wie er nicht essen wollte und erbrechen musste. Der Hausarzt war nach der Rückkehr eingeschaltet worden und hatte für den nächsten Tag die Überweisung ins Krankenhaus vorgemerkt, Christa war benachrichtigt. Sie brach die Kur ab und fuhr zu ihm, denn Ulli wollte nicht ins Krankenhaus. Sie konnte ihn dazu bewegen, nur diese eine Nacht im Krankenhaus zu bleiben, dann würden sie gemeinsam nach Hause fahren.
Am nächsten Tag holten wir beiden Schwestern unseren Bruder im Diakonissenkrankenhaus ab. Das ärztliche Urteil war niederschmetternd: Pankreaskrebs im letzten Stadium.
Wir waren uns sofort einig, zumal wir beide große Ferien hatten – wir würden Ulli zu Hause pflegen. Ulli freute sich, dass er heim durfte, den altbekannten Weg mit seinen beiden Schwestern nach Hause fahren. Wir hakten ihn unter und gingen zu Fuß zum Auto, das Krankenhausfrühstück lag im Mülleimer.
In Schlangen, seinem elterlichen Zuhause, richteten wir ihm ein Krankenzimmer ein. Aber er weigerte sich, ins Bett zu gehen, wollte immer bei uns sitzen. Ja sogar beim Essen wollte er, der so gerne und viel gegessen hatte und es nun nicht mehr konnte, dabei sein. Es machte ihm gar nichts aus, uns essen zu sehen. Stolz und schweigsam saß er am Tisch und schob alle guten Bissen, die Christa ihm zusteckte, einfach weg.
Wir mussten uns beeilen, seine Kraft nahm von Tag zu Tag ab – ein Krankenbett, einen Rollstuhl mit Kloschüssel. Christa wirbelte herum – Krankenkasse, Arzt, Sanitätshaus. Die Anlieferung verzögerte sich.
Bald kam Besuch aus Marburg, Herr Schneider, sein langjähriger Betreuer. Er nahm sich viel Zeit für ihn, erzählte von alten

Zeiten im Kerstinheim, von der Werkstatt und gemeinsamen Ferien. Er nahm ihn in den Arm und lange saßen sie so beieinander.
Es kamen Nachbarn und Freundinnen von Christa und ein paar Tage später ein ganzer Bulli voll mit seinen Freunden und Betreuern aus dem Wohnheim, aber da war Ulli schon so schwach, dass er nicht mehr aufstehen konnte und fast nur noch schlief. Jeden Tag machte unser Hausarzt einen Besuch. Auch er nahm sich viel Zeit zum Reden und Zusprechen. Und als er merkte, dass Ulli sich gegen Spritzen wehrte, halfen mit vielen Tricks die Schmerzpflaster. Er versuchte sie immer wieder abzureißen.
Seit der Ankunft im elterlichen Haus bekamen wir aus dem Freundeskreis eine schnelle, professionelle und herzliche Hilfe. Das war für uns eine große Unterstützung.
Christa und ich schliefen jetzt abwechselnd bei ihm im Zimmer. Unruhe, Trinken, Schwitzen, Toilettengang. Eines Morgens beim Anziehen legte er die Arme um Christa und sagte: „Ich hab dich so lieb." Hat er gewusst, dass er Abschied nehmen muss? Wir haben es nicht fertiggebracht, mit ihm darüber zu sprechen. Da hätten wir dringend Beistand benötigt.
Wir hatten uns schon Gedanken gemacht, wie sich jeder beruflich für die Pflege freistellen lassen könnte. Aber die Krankheit war schneller. Kaum drei Wochen nach seiner Heimkehr erlosch sein Lebenslicht am frühen Morgen des 18. August.
Wir waren nicht darauf gefasst gewesen, weder auf die letzten Sterbestunden noch darauf, ihn so schnell zu verlieren. Er hat uns so uneingeschränkt geliebt und wir durften es in Dankbarkeit spüren.
Seine schwere Krankheit trug er ohne Jammern und Klagen, stolz saß er bei uns am Tisch, bis er nicht mehr konnte. Vergessen werden wir das nie! Und die Dankbarkeit für die letzten

gemeinsamen Wochen wird uns begleiten und hat uns zwei Schwestern noch näher zusammenrücken lassen.

Helga, 65 Jahre

4. Anhang

Nachwort und Ausblick

Jede dieser Geschichten des Buches beinhaltet ein wichtiges Stück individueller Lebenserfahrung. Dargestellt von Kindern, Jugendlichen und Erwachsenen, deren Bruder oder Schwester mit einer Behinderung lebt oder gelebt hat und damit das Leben in der Familie auf besondere Weise bestimmt.

Was damit an Erlebnissen, Fragestellungen, Verpflichtungen, Erkenntnissen, Weichenstellungen für die eigene Biografie verbunden ist, wird durch die für dieses Buch geschriebenen Geschichten deutlich.

Marlies Winkelheide hat sich an die einzelnen Menschen mit der Bitte gewandt, aus ihrer Rolle des Bruders, der Schwester das ihnen Wichtige aufzuschreiben und damit Außenstehenden zugänglich zu machen. Aus einer Reihe von vorgegebenen Themen wählten die SchreiberInnen jenes aus, das für sie aktuell Bedeutung hatte.

Den LeserInnen werden berührende Einblicke unter anderem in das, was Geschwister behinderter Menschen bewegt, ihren Alltag kennzeichnet, was im Rückblick betrachtet ihre Lebensgeschichte im Zusammenhang mit der Behinderung des Bruders, der Schwester besonders geprägt hat, gewährt.

Alle Geschichten, die zur Verfügung gestellt wurden, finden sich ungekürzt und unverändert in diesem Buch und belegen authentisch Erfahrungen der Geschwister.
Einzelaussage reiht sich an Einzelaussage. Gemeinsam werden sie zu einer Sammlung individueller Lebensmomente.

Die Geschichten stehen und sprechen hier für sich. Ganz bewusst wurde auf Bearbeitung und Kommentierung verzichtet, um die bei den LeserInnen entstehenden Eindrücke nicht zu verfälschen oder zu beeinflussen.

In der Auseinandersetzung um die Entwicklung unterstützender Angebote für die Gruppe der Geschwister von Menschen mit Behinderung werden wir in weiterer Folge die hier vorliegenden Aussagen sorgfältig und behutsam erfassen und darauf aufbauend Ansätze für die Begleitung formulieren.

Diesem Thema soll das Buch **Mir auf der Spur – Geschwister behinderter Menschen auf der Suche nach ihrem eigenen Weg** gewidmet sein. Geplanter Erscheinungstermin ist der Herbst 2007. – Vor 25 Jahren, im Herbst 1982, fand das erste Angebot von Marlies Winkelheide für die Gruppe der Geschwister behinderter Kinder in Form eines Wochenendseminars statt. Es war der Beginn von ‚25 Jahren – Geschwisterseminaren'.

Charlotte Knees

Zur Überleitung in das kommende Buch

In den erzählten Geschichten der Geschwister behinderter Menschen aus mehreren Generationen geht es einzig und allein um das Erleben der Geschwister. Wir sind aufgefordert den Erlebnissen zuzuhören, die Erfahrungen auf uns wirken zu lassen.

Wir sind gebeten nachzudenken, uns zu fragen, was sie im Kontext der Familie, der Zeit, der gesellschaftlichen Situation, der Kultur, an Bedeutung haben.

Es geht um die Perspektive der Geschwister, nicht um Tatsachen und Fakten, um das reale Einordnen in den Gesamtzusammenhang einer Familiengeschichte.

Eltern haben andere Zugänge zu dem Erleben ihrer Kinder. Sie sehen das Handeln der Geschwister, die Auseinandersetzungen auf anderen Ebenen. Manchmal möchten sie Erlebtes klarstellen, richtig stellen, halten Erzählungen für Erfindungen. Sie möchten öfter und zu gerne auf der Ebene der Vernunft erklären. Die Ebene der Geschwister ist hingegen oft das Fühlen, Empfinden, Nach- erleben, sich in die Nähe der Erfahrungen des anderen begeben ...

In dem bereits angekündigten zweiten Band werden wir weitere Zugänge und Perspektiven zum Verstehen hinzunehmen, zusätzliche Ebenen als Erklärungsmöglichkeiten darstellen. In der Überleitung stehen hier jetzt schon zwei Texte für sich.

Frau Dr. Safinaz Hallioglu hat sie mit, für ihre Kinder geschrieben. Sie soll sie ihnen in dieser Veröffentlichung zeigen können.

Dies geschieht in Anerkennung und Respekt vor einem durch ihre Persönlichkeit geprägten Umgang mit der begrenzten

Lebenszeit einer Mutter. Ihr Glaube, ihr Wille, ihr Engagement, ihre Pläne lassen sie immer wieder überleben.
In der ihr durch eine medizinische Diagnose auferlegten begrenzten Zeit möchte sie all ihren Kindern so viel vermitteln, dass sie ihren eigenen Weg finden können.
Immer wieder eröffnet die Mutter von Muhammed, 13 Jahre, den Geschwistern Yavuz (8 Jahre) und Cellil (5 Jahre) eigene, neue Möglichkeiten sich als Brüder in einer besonderen Rolle zu erfahren.
Außergewöhnliche Lebenssituationen erfordern Ausnahmen.
Darum hier – sozusagen in der Überleitung – die Stimme einer Mutter:

Marlies Winkelheide

Nun, was könnte ich Ihnen schreiben?
Ich möchte Ihnen etwas über die Nabelschnur erzählen. Wenn ein Kind geboren wird, wird die Nabelschnur durchtrennt. Es findet eine – im wahrsten Sinne des Wortes – Trennung von Mutter und Kind statt. Doch gibt es – zusätzlich zu dieser sichtbaren Nabelschnur – eine unsichtbare Nabelschnur. Diese wird manchmal nie durchtrennt.
Bei einigen ist sie ganz kurz, egal, wie alt das Menschenkind ist, bei anderen etwas länger. Bei einigen wenigen wird sie auch ganz durchtrennt. Erst dann sieht man, wie nah man sich trotz oder gerade durch die geistige Nabelschnurdurchtrennung sein kann.
Bei einigen unserer Kinder fällt uns die Trennung nicht leicht. Besonders, wenn sie eine Behinderung haben. Ein behindertes Kind zu haben – ein schweres Schicksal?
Es kommt auf die Sichtweise an. Was auf jeden Fall positiv ist: Das Problem ist bekannt.
Die Behinderung:
Wir wissen, was unsere Herausforderung ist:
Mit und trotz dieser Behinderung zu leben.
Mit unserem behinderten Kind und für es zu kämpfen.
Uns allen Herausforderungen zu stellen.

Dann gibt es noch etwas anderes:
Geschwisterkinder. Sogenannte ‚gesunde' Kinder, deren Geschwister behindert sind. Die dann aufgrund ihrer sogenannten Gesundheit aus unserer Wahrnehmung verschwinden. Natürlich nicht bewusst, denn sie sind ja da. Aber als Problem werden sie nicht angesehen.

Und genau das ist das Problem. Geschwisterteil eines behinderten Kindes zu sein, ist eine Herausforderung an sich.
Diese Kinder sind kleine Weise. Mit Verantwortungsgefühl, mit natürlichem neugierigem Wissensdurst über ihr Alter hinaus. Sie brauchen Hilfestellung. So wie ein Erstklässler das ABC lernt, wollen diese Kinder ihre Stellung im Leben erkunden, erfahren, zum Beispiel auch in Bezug auf ihr behindertes Geschwisterkind.
Zwischen den Geschwistern besteht ebenfalls eine unsichtbare Nabelschnur. Es ist eine Aufgabe, diesen Kindern auf ihrem Weg zur Trennung der Nabelschnur zu helfen, ohne sie dabei zu bevormunden. Dem nichtbehinderten Kind zur Erkenntnis zu verhelfen, es darf gesund sein und bleiben, obwohl das andere behindert ist, dass beide das Recht auf das eigene Leben, ihre Lebensweise haben. Und Geschwisterkind nicht Elternschaft bedeutet.
Es ist sicher schwer für uns Eltern zu denken, so würde man das gesunde Kind zum Problem machen. Im Gegenteil. Wenn wir erkennen, was unser gesundes Kind braucht – nämlich einen Ort, wo es ohne schlechtes Gewissen es selbst sein kann und darf, wo es alle Fragen stellen kann und dabei weiß, auf einige gibt es keine Antworten. Wo Menschen mit ihm und seiner Familie fühlen, ohne zu bemitleiden.
Dann haben wir auch etwas für unser gesundes Kind getan.
Und dadurch für unsere gesamte Familie.
Als Beispiel: In unserer Familie ist unser ältester Sohn (13 Jahre) schwerst geistig behindert, zwei jüngere Brüder sind ‚gesund'. Ich kann aus eigener Erfahrung urteilen, denn Yavuz (7 Jahre) nimmt seit dem 5. Lebensjahr an den Geschwisterseminaren von Frau Marlies Winkelheide teil. Wir haben alle von den Geschwisterseminaren – Yavuz nahm allein teil – profitiert. Ohne Wenn und Aber.

Ich weiß, gerade Eltern von behinderten Kindern sind sehr sorgsam im Umgang mit Personen, Institutionen, welche in direkten Kontakt mit uns (unseren Kindern) treten. Gerade deshalb bewundere ich diese Arbeit an und mit Geschwistern von behinderten Kindern. Eine Lebensaufgabe.
Nebenbei: Wie lange ich selbst meinem Krebs – ich bin durchmetastasiert und im Endstadium einer Krebserkrankung – noch trotzen kann, weiß ich nicht. Es ist auch nicht (mehr) wichtig, da jeder Moment sowieso Lebenszeit ist.
Wir können nur versuchen, unsere Kinder zu stärken. Indem wir ihnen helfen, ihr Selbst zu stabilisieren, ihr Selbstbewusstsein zu stärken, ihnen eine heitere innere Grundeinstellung vermitteln. Dabei kann man sich auch für das gesunde Kind Hilfe holen.
Wir sind eine sehr kritische Familie, die ihre Kinder nicht jedem anvertraut. Aber zu Frau Winkelheide habe ich das Vertrauen. Mögen wir für unsere Kinder solche Menschen im Leben treffen, die sie ernst nehmen, ihnen zuhören, mit ihnen weinen und lachen können.
Ich wünsche Ihnen und all Ihren Familien alles Gute.

Safinaz Hallioglu

Safinaz Hallioglu
Für das Geschwisterkind (01.06.2006)

Geliebt, gefördert, jedes Lebensrecht – und doch,
vielleicht stirbt mein behindertes Kind
einmal vor mir – so sagte ich mir,
oder sagte es nicht, dachte es nur
flüchtig, flüchtiger geht es nicht.

Da hörte ich einen Schrei, ganz laut,
und der Schrei hörte nicht mehr auf –
aus seinem Versteck – es war kein Versteck –
trat heraus das Geschwisterkind.

Der Schrei kam nicht aus seinem Munde,
nein, aus dem Herzen kam dieser Schrei.
Nein, schrie es, nein, nein, nein.
Auch ich bin da, nicht nur ihr hier.
Ich möchte nicht, dass es je stirbt.
Leben soll immer dieses Menschenkind.
Ob groß, ob klein, Mädchen oder Bub,
leicht oder behindert schwer.
Leben soll immer dieses Menschenkind.
Auch ich bin da, das Geschwisterkind.
Egal ob noch Kind oder erwachsen schon.
Immer werde ich da sein, kämpfen immerfort.
Für ihn, für mich, Geschwister bleibend,
ich, das Geschwisterkind.

Beide Geschwister, haben beide jeder
jedes Lebensrecht wie alle anderen auch.
Jeder soll und wird sein eigen Leben führen.
Und doch füreinander da sein – immer.

Lasst leben ihn, lasst leben auch mich,
stärkt mich, damit ich stärke mich und euch
(um herzukommen aus meinem Versteck,
es ist kein Versteck, ihr seht mich nur nicht).
Da ich keine Bürde sein will euch und allen.
Nun, das alles sagte das Geschwisterkind.
Wortlos – gebrauchte dafür die Herzenssprache.
Verwundert schaute ich auf dieses Kind mein
und dachte und sagte: Recht hast du, mein Kind.
Danke mein Kind, dass es dich auch gibt,
das Geschwisterkind.

Literaturauswahl zum Thema ‚Geschwister von Menschen mit Behinderungen'

Die Zugänge der AutorInnen zu den Fragestellungen im Leben von Geschwistern behinderter Menschen sind unterschiedlich. Kinder, Jugendliche und Erwachsene mit eigenen Erfahrungen schreiben anders als Mütter und Väter. Sie haben andere Sichtweisen als Fachleute, deren Veröffentlichungen aufgrund exemplarischer Recherchen und Literaturforschung entstanden sind. Wieder andere Zugänge haben Menschen mit der persönlichen Erfahrung von Begleitung von Geschwistern.
Kinder-, Jugendbücher und Romane zum Thema zeigen Sichtweisen auf, die sich in der begleitenden Arbeit mit Geschwistern auf die Erfahrungen übertragen lassen.

Geschwister (Kinder und Jugendliche und Erwachsene) schreiben selbst

Geschwistergeschichten

Mein Bruder ist behindert, meine Schwester ist behindert
hrsg. von Arbeitskreis Integration Behinderter e.V., Bibliotheks- und Informationssystem der Universität Oldenburg, 1987

Deine Schwester Dörte
Briefe von Geschwistern behinderter Kinder
hrsg. von Arbeitskreis Integration Behinderter e.V., Bibliotheks- und Informationssystem der Universität Oldenburg, 1989

Ich bin nicht du – Du bist nicht ich
Aus dem Leben mit behinderten Geschwistern
Knees, Charlotte, Winkelheide, Marlies,
Verlag Butzon & Bercker, Kevelaer 1999

Bewegte Botschaften
Gesunde Geschwister schwerkranker Kinder zeigen ihre Welt
Steiner, Annemarie; Eulerich-Gyamerah, Sabine; Kochendörfer, Sigrid, Attempto-Verlag, Tübingen 2003

kids for kids
Kinder schreiben für Kinder, damit Erwachsene verstehen
Kinderrechte (Geschwister behinderter Kinder schreiben über ihre Rechte).
Hrsg. von Mirella Roemer, Geest-Verlag, Vechta 2005

Ich neben dir – Du neben mir
Geschwister behinderter Menschen aus mehreren Generationen erzählen
hrsg. von Marlies Winkelheide
Geest-Verlag, Langfördern 2007

Verkürzte Kindheit
Vom Leben der Geschwister behinderter Menschen
Neumann, Heike, Verlag Königsfurt, Königsförde 2001

Bobby, Herr Bredi und Mister Herr Brendel
Die Geschichte meines Bruders
Brederlow, Gerd mit Neumann, Heike, Verlag Piper, München-Zürich 2002

Mit beiden Beinen fest im Himmel
Liebeserklärung an meinen behinderten Bruder
Tarr, Irmtraud, Verlag Herder, Freiburg 2003

„Ach, so ja“
Türp, Claudia
c/o edsa-deutschland e.V., Eifgenweg 1a, 51061 Köln (Abschlussarbeit 2004)

Geschwister zusammen (Schwester, Bruder)

Lernen so viel ich kann
Leben mit einer Lernbeeinträchtigung
Flynn, Margaret und Peter, Verlag Saatkorn, 1998

Die Zärtlichkeit des Sonntagsbratens
Ursula, Daniel, Christoph Eggli, Zytglogge – Verlag, 1977

Zu niemandem ein Wort
In der Welt der autistischen Zwillinge Konstantin und Kornelius
Keulen, Konstantin und Kornelius; Kosog, Simone
Verlag Piper, München-Zürich 2003

Vater eines Kindes mit Behinderung und Bruder eines Menschen mit Behinderung

Ted
Miteinander leben lernen
Hart, Charles, Droemersche Verlagsanstalt, München 1991

Eltern zum Thema Geschwister

... und um mich kümmert sich keiner!
Die Situation der Geschwister behinderter und chronisch kranker Kinder
Achilles, Ilse, Verlag Reinhardt, München, Basel 2002 (1. Aufl. 1990)

Überlebensfeier
Hallioglu, Safinaz, Geest-Verlag, Vechta 2005
(als Mutter von drei Kindern, selber an Krebs erkrankt, auch in türkischer Fassung im Geest-Verlag erhältlich))

Gelebte Grenzen
Texte aus der Begleitung zweier Kinder in ihrer lebensverkürzenden Erkrankung
Stuttkewitz, Petra, hospiz-verlag, 2005

Sam, George und ein ganz gewöhnlicher Montag
Mein Leben mit zwei autistischen Kindern
Moore, Charlotte, Goldmann, München 2004

Guido – unser Leben mit einem schwerbehinderten Kind
Carbonetti, Daniela und Giangiacomo,
edition bentheim, Würzburg 2001

Menschen mit Behinderung zum Thema Geschwister

Die psychosoziale Situation von Geschwistern behinderter Kinder mit dem Krankheitsbild Osteogenesis Imperfecta
Schulte-Kellinghaus, Anette, Verlag Kleine, Bielefeld 1998

Buntschatten und Fledermäuse
Leben in einer anderen Welt
Brauns, Axel (Autist), Verlag Hoffmann und Campe, Hamburg 2002

Babs und Cliff
Ebenberger, Elisabeth
Dachs-Verlag, Wien 2005 (Jugendbuch)

Romane

Das Seh-Glas meines Bruders
Gorman, Jacquelin, Lübbe-Verlag, Bergisch-Gladbach 2000

Beim Leben meiner Schwester
Picoult, Jodi Verlag Piper, München-Zürich, 5. Auflage 2005

Geschwisterliebe
Fontane, Theodor (Argon-Hörbuch 2004)

Fachleute

Geschwister
Vorbilder, Rivalen, Vertraute
Kasten, Hartmut, Verlag Ernst Reinhardt, München 1999

Ich bin doch auch noch da
Winkelheide, Marlies, Trialog Verlag, Bremen 1991

Geschwister
Liebe und Rivalität
Die längste Beziehung unseres Lebens
Petri, Horst, Kreuz Verlag, Zürich 1994

Geschwisterbande
Liebe, Haß und Solidarität
Ley, Katharina, Verlag Walter, Düsseldorf-Zürich 2002

Die Rolle der Geschwister
Lüscher, Berit, Edition Marhold, Berlin 1997

.... doch Geschwister sein dagegen sehr
Schicksale und Chancen der Geschwister behinderter Menschen
Winkelheide, Marlies, Knees, Charlotte,Verlag Königsfurt, Kiel 2003

Ich mag dich – du nervst mich
Geschwister und ihre Bedeutung für das Leben
Frick, Jürg, Verlag Hans Huber, Bern 2004

Kinder im Schatten – Geschwister behinderter Kinder
Haberthür, Nora, Zytglogge Verlag, Schoren 2005

Geschwister behinderter Kinder
Besonderheiten, Risiken, Chancen – ein Familienratgeber
Grünziger, Eberhard, Care-Line Verlag 2006

Untersuchungen

Geschwister in Familien mit geistigbehinderten Kindern
Seifert, Monika, Klinkhardt-Verlag, Bad Heilbronn 1989

Die psychosoziale Situation von Geschwistern behinderter Kinder
Hackenberg, Waltraud, Edition Schindele, Heidelberg 1987

Geschwister behinderter Kinder im Jugendalter
Hackenberg, Waltraud, Edition Schindele, Heidelberg 1992

Professor Dr. Heinrich Tröster
Sind Geschwister behinderter Kinder oder chronisch kranker Kinder in ihrer Entwicklung gefährdet?
Ein Überblick über den Stand der Forschung
in Zeitschrift für Klinische Psychologie 28 (3), 160-176
Hogrefe – Verlag, Göttingen 1999

Erhalten Geschwister behinderter oder chronisch kranker Kinder zu wenig elterliche Zuwendung?
In: Heilpädagogische Forschung Band XXVI, Heft 1, 2000

Die Belastung der Geschwister behinderter Kinder durch Betreuungsaufgaben und Hausarbeit
in Heilpädagogische Forschung, Band XXVI, Heft 2, 2000

Die Beziehung zwischen behinderten und nichtbehinderten Geschwistern
Ein Überblick über den Forschungsstand
in Zeitschrift für Entwicklungspsychologie und Pädagogische Psychologie, 33 (1), 2-19, Hogrefe-Verlag, Göttingen 2001

Eine Auswahl an Kinder- und Jugendbüchern

Albin Jonathan, unser Bruder mit Down-Syndrom
Selbsthilfegruppe für Menschen mit Down-Syndrom und ihre Freunde, Erlangen 1994

Florian lässt sich Zeit
Sansone, Adele, Tyrolia – Verlag, Innsbruck 2002

Stefan
Welsh, Renate; Schwecke, Ulrich, Verlag Jungbrunnen, München-Wien 1989

Unterwegs mit Jan
Leben mit einem autistischen Bruder
Lears, Laurie, KiK Verlag 2000 (ab 6 Jahre und älter)

Lukas ist wie Lukas
Szesny, Susanne; Mueller, Dagmar H., Ravensburger Verlag 2006

Und dann kam Lena
Escher, Ulrike
Verlag Katercom 2006

Drachenflügel
Welsh, Renate, Verlag Nagel & Kimche, Zürich 1988

Dibs und der Delfin
Bertagna, Julie, dtv junior 2002

Mein Bruder ist ein Orkan
Janssen, Kolet, Anrich Verlag, Weinheim 1997

Tage mit Eddie
Tashjian, Janet, Dressler Verlag, Hamburg 1999

Kein Beinbruch
Hassenmüller, Heidi, Verlag Ellermann 1999

Kleine Schwester, großes Biest
Heesen, Martha, Fischer-Verlag, Frankfurt 2002

Paul ohne Jakob
Fox, Paula, Sauerländer Verlag, Frankfurt 2001

Schlafanzug und Schokotorte
Wilson, Jacqueline, Erika-Klopp-Verlag, Hamburg 2003

12 Dinge, die ich noch erledigen muss, bevor die Welt untergeht
Sortland, Björn, Verlag Oetinger, Hamburg 2003

Vollmondtage
Kimberley, Willis Holt, Altberliner Verlag, Berlin-München 1999

Der gestohlene Sommer
Jansen, Hanna, Thienemann -Verlag, Stuttgart 2001

Das goldene Labyrinth
Ress, Celia, Carl-Hanser-Verlag, München – Wien 2002

Meine Reise mit Alex
Almog, Ruth, Sauerländer-Verlag, Düsseldorf 2002

Tür an Tür mit Al Capone
Choldenko, Gennifer, Verlag Dressler, Hamburg 2005

Am liebsten alle zusammen
Kosack, Gabriele, dtv-junior, München 2004

Eine zuviel
Harel, Nina, Alibaba-Verlag, Frankfurt 1998

Lieber Niemand
Randsborg-Jenseg, Grete, dtv, München 1997

total verrückt
Noziere, Jean-Paul, Altberliner Verlag 2006

Leben mit dem Tod eines Geschwisters

Eva im Land der verlorenen Schwestern
Goossens, Philippe; Robberecht, Thierry, Verlag Sauerländer, 2004

Ben lacht
Laird, Elisabeth, Verlag Oetinger, Hamburg 1988

Fee – Schwestern bleiben wir immer
Feth, Monika, Verlag Bertelsmann, München 1999

Bruder
Van Lieshout, Ted, Middelhauve-Verlag, München 1998

Die Hälfte des Himmels gehört Bo
Müller, Dagmar H., Verlag Thienemann, Stuttgart-Wien 2006

Das leere Zimmer
Weiterleben nach dem Verlust eines Bruders oder einer Schwester
Devita-Raeburn, Elizabeth, mvg Verlag, Heidelberg 2005

Das vorliegende Verzeichnis ist eine Auswahl.
Literaturlisten für verschiedene Themen wie Behinderung, Sterben und Tod von Geschwistern, Pflegekindern, andere Kulturen etc. werden fortlaufend aktualisiert und sind zu bekommen bei
Marlies Winkelheide, www.Geschwisterkinder.de
oder bei der
Beratungsstelle Geschwisterkinder Lebenshilfe Bremen e.V.
Email: geschwisterkinder@lebenshilfe-bremen.de

Dort können Sie auch mehr erfahren über Angebote von Geschwisterseminaren.